옥|중|서|신|강|해

TO BUILD A HEALTHY CHURCH
교회를
온전히 세우라

| 현오율 지음 |

쿰란출판사

| 추천사 |

현오율 목사님이 〈옥중서신 강해집〉을 출간하게 되어 진심으로 추천합니다.

현오율 목사님께서 《교회를 온전히 세우라》는 〈옥중서신 강해집〉을 출간하시게 됨을 진심으로 축하드립니다. 현 목사님은 이미 여러 권의 강해집과 칼럼집을 출간하셨고, 이번에 다시 이 책을 출간하게 되었습니다. 목회자만큼 여러 모로 분주한 사람도 없습니다. 거듭되는 설교를 준비하기도 어렵거니와 성도들을 심방하는 일, 노회와 총회를 섬기는 일도 벅찬데, 이렇게 또 책을 출간하게 되니, 너무나도 귀한 일입니다.

〈옥중서신〉은 사도 바울이 주님의 복음을 증거하다가 체포당하여 로마의 감옥에 갇혀 있으면서 에베소교회, 빌립보교회, 골로새교회와 오네시모를 위해 빌레몬에게 기록하여 보낸 4권의 서신을 말합니다. 바울은 세 차례에 걸쳐 전도여행을 하였습니다. 그리고 그가 가서 복음을 전파한 곳마다 교회가 설립이 되었습니다. 에베소교회와 빌립보교회는 그의 전도로 세워진 교회들입니다. 골로새교회는 그를 통해 복음을 받은 에바브라가 세운 교회입니다(골 1:7). 빌레몬서는 골로새교회의 경건한 그리스도인이었던 빌레몬에게 특별한 목적으로 보낸 편지입니다.

우리는 옥중서신을 통하여 사도 바울이 어떤 사람인지 분명히 알 수가 있습니다. 곧 그가 얼마나 주님을 사랑하는지, 그가 각처의 교회와 성도를 아끼고 사랑하였는지를 충분히 알 수가 있습니다. 그는 그리스도의 심장(心臟)으로 성도를 사랑하는, 그의 마음속에 불타는 사명감도 익히 알 수가 있습니다. 그래서 옥중서신은 사도 바울이 쓴 서신 중에서도 가장 많이 읽혀지고 있습니다.

사랑하는 현오율 목사님은 옥중서신을 누구든지 쉽게 이해할 수 있도록 요약한 말씀을 엮어서 내놓았습니다. 그러므로 누구든지 이 책을 읽기만 하면 쉽게 이해할 수 있을 것이며, 또 큰 은혜를 받을 것입니다. 그래서 목회자들은 물론, 평신도들에 이르기까지 이 책을 한 번 꼭 읽어보라고 권하고 싶습니다.

나아가서 저는 현오율 목사님의 다음 책이 기다려집니다. 이 책을 읽는 모든 분들에게 하나님의 크신 은혜와 평강이 충만하게 임하시기를 간절히 기원합니다.

2011년 9월
대한예수교장로회 총회
총회장 박위근 목사

| 머리말 |

이 《옥중서신 강해》는 저의 여덟 번째 책으로, 《교회를 온전히 세우라》는 제목으로 세상에 내놓게 되어, 정말 부끄럽지만 이 책을 읽는 모든 분들에게 도움이 되기를 간절히 열망합니다.

성도는 주 안에서 연합하며, 성령으로 하나 되어 교회를 섬기고, 용서하며 사는 것이 옥중서신의 핵심입니다. 따라서 연합과 일치(一致)는 세상을 변화시키는 위대한 능력이 됩니다. 지금 세계는 많은 사건들이 도처에 발생하고 있으며, 한국교회는 갈등과 분열과 상처가 너무 많이 일어나고 있습니다.

우리는 모든 문제의 원인도, 대안도 알고 있습니다. 복음은 이 세상을 살리고, 인생의 미래를 이끌어 가는 유일한 대안입니다. 우리는 스스로 자신의 마음을 말씀과 믿음으로 다스려야 합니다. 인간은 언덕 위에 세워둔 수레와 같습니다. 누군가가 붙잡아 주지 아니하면, 굴러 떨어질 수밖에 없는 위태한 존재이므로, 이제 복음으로 전능하신 하나님의 손을 굳게 잡아야 행복한 존재가 될 수 있습니다.

2011년은 정치, 종교적으로 매우 혼란한 때이므로, 아무쪼록 이 책을 읽는 독자들이 낙심(落心), 절망(絶望), 낙담(落膽), 낙망(落望) 등의 유사 용어를 다 걷어내고, 하나님께 전적인 소망을 두어야 하겠습니다.

우리는 기본적으로, 서로가 진실하여 하나님의 자녀답게 살고, 세상을 향한 한 알의 밀알이 되어 희생하며 교회를 온전히 세워야 세상에 소망을 줄 수 있습니다. 에리히 프롬은 **"많이 만들고, 많이 소유하고, 실컷 즐기자는 것이 현대인의 신조"** 라고 하였습니다. 그러나 **"이 생각에는 목적 상실, 자기 상실, 하나님 상실에 빠진다"** 고 하였습니다.

바울은 선민의 생활방식을 **"성령을 따라 봉사하고, 예수님만 자랑하고, 육체를 신뢰하지 말라"** 고 하였습니다. 곽선희 목사님은 **"하나님이 소원하시는 세 가지가 있는데 첫째는 거듭나는 것이고, 둘째는 늘 감사하는 것이고, 셋째는 늘 너그럽게 용서하며 사는 것"** 이라고 하였습니다.

저를 위해 늘 기도해 주시는 충신교회 성도님들과 저의 가족과 형제들, 그리고 이 책을 읽는 모든 분들에게 정말 감사를 드립니다. 그리고 추천서를 써주신 존경하는 총회장 박위근 목사님께 머리숙여 감사드리며, 이 책을 출판해 주신 쿰란출판사 이형규 장로님과 편집과 인쇄에 수고하신 모든 분들에게 주님의 축복을 기원합니다.

2011년 9월
대구충신교회 목양실에서
현오율 목사 올림

| 차례 |

추천사 / 박위근 목사(총회장) • 2
머리말 • 4

• 에베소서 •

서론 – 에베소에 보낸 편지 • 12

1장 주님의 사도 된 바울(에베소서 1:1-2) • **15**
　　　모든 신령한 복(에베소서 1:3-10) • **18**
　　　하나님의 놀라운 은총(에베소서 1:11-14) • **21**
　　　에베소를 위한 기도(에베소서 1:15-23) • **24**

2장 믿음으로 얻은 구원(에베소서 2:1-10) • **27**
　　　십자가로 이루는 평화(에베소서 2:11-18) • **30**
　　　성도의 세 가지 특권(에베소서 2:19-22) • **33**

3장 교회의 비밀(에베소서 3:1-7) • **36**
　　　사도 바울의 고백(에베소서 3:8-13) • **39**
　　　사도 바울의 기도(에베소서 3:14-19) • **42**
　　　사도 바울의 송영(에베소서 3:20-21) • **45**

4장 하나 됨을 힘써 지키라(에베소서 4:1-6) • **48**
　　　하나 되어 행하라(에베소서 4:7-16) • **51**

버릴 것과 입을 것(에베소서 4:17-24) • **54**
　　　올바른 인간관계(1)(에베소서 4:25-28) • **57**
　　　올바른 인간관계(2)(에베소서 4:29-32) • **60**

5장 하나님의 뜻을 따르라(에베소서 5:1-7) • **63**
　　　주 안에서 살아가라(에베소서 5:8-14) • **66**
　　　말씀에 복종하며 살아라(에베소서 5:15-21) • **69**
　　　성도의 부부생활(에베소서 5:22-25) • **72**
　　　행복한 부부의 비결(에베소서 5:26-33) • **75**

6장 부모와 자녀의 윤리(에베소서 6:1-4) • **78**
　　　그리스도인의 사회관(에베소서 6:5-9) • **81**
　　　그리스도인의 무장(에베소서 6:10-17) • **84**
　　　최종 승리의 비결(에베소서 6:18-20) • **87**
　　　마지막 인사 및 축복(에베소서 6:21-24) • **90**

• 빌립보서 •

서론-빌립보에 보낸 편지 • **94**
빌립보서의 특징 • **97**

| 차례 |

1장 인사와 축복 선언(빌립보서 1:1-2) • **100**
감사로 드리는 기도(빌립보서 1:3-11) • **103**
복음 전도의 열정(빌립보서 1:12-18) • **106**
성도의 삶의 목적(빌립보서 1:19-26) • **109**
그리스도인의 사회생활(빌립보서 1:27-30) • **112**

2장 그리스도인의 교회생활(빌립보서 2:1-4) • **115**
주님을 본받는 생활(빌립보서 2:5-11) • **118**
구원을 이루는 생활(빌립보서 2:12-18) • **121**
목회자의 관심(중심)(빌립보서 2:19-30) • **124**

3장 교회를 잘 섬겨라(빌립보서 3:1-3) • **127**
주님으로 얻는 영광(빌립보서 3:4-11) • **130**
구원을 이루는 방법(빌립보서 3:12-16) • **133**
믿음을 이루는 방법(빌립보서 3:17-21) • **136**

4장 하나 되는 비결(빌립보서 4:1-3) • **139**
성도의 삶의 방식(1)(빌립보서 4:4-7) • **142**
성도의 삶의 방식(2)(빌립보서 4:8-9) • **145**
자기 만족의 비결(빌립보서 4:10-13) • **148**
감사와 강복선언(빌립보서 4:14-23) • **151**

• 골로새서 •

서론—골로새에 보낸 편지 • **156**

1장 바울의 문안인사(골로새서 1:1-2) • **159**
　　　목회자의 소원(기쁨)(골로새서 1:3-8) • **162**
　　　최고, 최상의 기도(골로새서 1:9-12) • **165**
　　　예수 그리스도의 신분(골로새서 1:13-17) • **168**
　　　예수님의 교회사역(골로새서 1:18-23) • **171**
　　　교회 일꾼의 사명(골로새서 1:24-29) • **174**

2장 신앙생활의 방법(골로새서 2:1-7) • **177**
　　　이단을 조심하라(골로새서 2:8-15) • **180**
　　　성도를 바로 세우라(골로새서 2:16-23) • **183**

3장 새 사람의 생활원리(골로새서 3:1-4) • **186**
　　　신령한 삶의 비결(골로새서 3:5-11) • **189**
　　　새 사람을 입으라(골로새서 3:12-17) • **192**
　　　기독교의 가정 윤리(골로새서 3:18-25, 4:1) • **195**

4장 올바른 신앙생활(골로새서 4:2-6) • **198**
　　　마지막 문안인사(1)(골로새서 4:7-9) • **201**
　　　마지막 문안인사(2)(골로새서 4:10-18) • **204**

| 차례 |

• 빌레몬서 •

서론 – 빌레몬에게 보낸 편지 • **208**

1장 바울의 문안인사(빌레몬서 1:1-3) • **211**
빌레몬의 교회사랑(빌레몬서 1:4-7) • **214**
오네시모를 위한 호소(빌레몬서 1:8-14) • **217**
오네시모를 향한 사랑(빌레몬서 1:15-19) • **220**
마지막 부탁과 축도(빌레몬서 1:20-25) • **223**

• 부록 •

본서에 인용된 명언들 • **228**

에베소서

서론 – 에베소에 보낸 편지

에베소서 1장 1-2절

에베소서는 〈바울 사상의 진수〉 또는 〈바울 사상의 극치〉라고 불리운다. 이는 옥중서신(獄中書信)으로, 로빈슨(Robinson)은 '**바울 저술의 백미**' 라 하였고, 바클레이(Barclay)는 '**사람이 쓴 가장 신적인 저술**' 이라 했으며, 콜리지(Coleridge)는 '**서신서의 여왕**' 이라 했다. 존 멕케이(Mackay)는 "**내 생명의 원인이며, 가장 위대하고, 가장 성숙한, 우리 시대에 가장 적절한 서신**" 이라고 극찬하였다. 이 서신서를 공부하면 경이로움을 느끼며, 교회를 바로 섬길 수밖에 없고, 하나 된 삶을 살아야겠다는 강한 도전을 받게 된다.

1. 저자

에베소서를 기록한 이는 사도 바울이다. 에베소서에서 자신이 저자임을 두 번 밝히고 있다(1:1, 3:1). 심오한 영적인 통찰력을 볼 때 바울 이외의 인물을 고려할 수 없다(Bruce).

본서에 나타난 문체나 용어를 보면 바울적인데, 예를 들어 에베소서 6장 10-17절에 보면 영적인 전쟁의 이런 군사적 용어는 바울 서신에도 흔히 찾아볼 수 있다. 갈라디아서에서 33회, 빌립보서에서 41회, 고린도전서에서 95회, 로마서에서 100회 정도, 고린도전서에는 180회나 언급하고 있다. 바울이 에베소서와 빌립보서, 골로새서, 빌레몬서를 기록할 때의 나이는 약 65세 정도로 보인다(박희빈). 그는 빌레몬서에서 자신을 '**나이 많은 사람**' (몬 1:9)으로 묘사하고 있다.

2. 기록 연대와 장소

주후 61-62년경(Meyer, Zahn, Lightfoot), 로마에서 기록된 것으로 보인다. 바울이 제3차 전도여행을 마치고 체포되어 다섯 차례의 재판을 받고 로마 시민이라는 이유로 로마에 가서 재판 받기를 주장하여 로마에 호송되었는데, 2년간 연금된 상태로 지낼 때 에베소서를 기록한 것으로 보인다.

에베소나 가이사랴(로마군의 주둔지)로 주장하는 이들도 있으나, 로마로 보는 것이 전통적 학설로서 가장 자연스럽고 권위가 있다. 시위대, 가이사의 집(빌 1:13, 4:22), 오네시모의 도주한 장소 등도 로마로 보는 것이 가장 타당하다. 바울은 투옥 중에도 복음 사역을 활발히 전개하였다.

3. 기록 동기와 목적

에베소는 당시 소아시아의 중심지로서 예루살렘과 안디옥과 함께 아주 중요한 도시로 소중한 의미를 갖는 곳이다. 바울은 에베소에서 3년간 거주하면서 교회를 세우고 복음을 전했다.

에베소서는 특정한 이단이나 교회의 잘못에 대해 언급하기보다, 독자들의 안목을 넓혀서 하나님의 영원한 목적과 은혜의 차원들을 보다 잘 이해할 수 있도록 기록하였다. 바울은 자기의 형편을 두기고를 보내어 알게 하고 그들의 신앙을 격려하고 하나님의 교회를 바로 세우기 위한 목적으로 기록한 것이다.

4. 특징

본서의 목적은 〈**교회론**〉이다. 교회는 〈**그리스도의 몸**〉이며, 성도는 〈**지체**〉임을 밝히고 있다. 본서는 교회론을 중심한 교회를 논한 후, 이 교리를 반영한 성도들의 사랑의 행동을 논한다. 이 편지에서 교회의 일치를 강조하고 있다.

로마서는 이론적이고, 골로새서는 논쟁적이며, 갈라디아서는 질책적이나, 에베소서는 명상적이다. 루터는 갈라디아서를 좋아했고, 칼빈은 에베소서를 좋아했다. 구원은 공로가 아니고 하나님의 은혜를 믿음으로 말미암아 비롯되는 〈**예정론**〉을 밝히는 신비로운 비밀을 설명하고 있다. 그러므로 구원은 신령한 축복이 된다.

"**헨델은 꿇어 앉아 할렐루야를 작곡하였고, 바울은 꿇어앉아 이 장엄한 서신을 기록하였다**"(Scott).

주님의 사도 된 바울

에베소서 1장 1-2절

프린스턴 신학교의 학장이었던 존 맥케이(Mackay)는 에베소서를 **"가장 위대하고, 가장 성숙한, 우리 시대에 가장 적절한 서신"** 이라고 말했다. **"기독교의 중류 된 진수, 거룩한 기독교 신앙에 대한 가장 권위 있고 완전한 개략"** 이며, **"이 서신서는 순수한 음악이다. 우리가 여기에 있는 것은 노래하는 진리, 음악에 맞추어진 교리이다"** 라고 극찬하였다.

에베소서는 구원받은 지 오래 되지 않는 성도들에게 보낸 편지로, 기독교가 말하는 구원의 도리와 구원받은 그리스도인의 공동체와 그리스도인이 해야 할 일에 대하여 언급해 주는, 꼭 공부해야 하는 가장 신학적이고 가장 소중한 바울서신의 꽃이다.

1. 저자 – 사도 바울(1절)

바울은 자신을 **"하나님의 뜻으로 말미암아 그리스도 예수의 사도 된 바울"** 이라고 밝히고 있다. '**사도**', 즉 '**아포스톨로스**' (αποστολος)라는 말은 본래 '**보냄을 받은 자**' 라는 뜻이다.

우리도 넓은 의미에서 하나님의 부름을 받은 사람이요, 세상에 보냄을 받은 일꾼이다(행 26:16-18). 주님은 부활하셔서 제자들에게

"**아버지가 나를 보내신 것처럼 나도 너희를 세상에 보내노라**"(요 20:21)고 하셨다. 바울은 자기가 사도 된 것이 자기에게 자격이나 능력이 있어서가 아니라 하나님의 뜻에 따라 되었다고 밝히고 있다(갈 1:1). 이러한 호칭은 하나님의 선택에 의해서 그리스도의 대리자가 되었음을 시사한다.

예정이나 선택이라는 단어는 구원론에만 사용하는 경이로운 단어이다. 본문에 "**그리스도 예수, 예수 그리스도**"라는 단어가 3번 나온다. 우리의 생명은 그리스도 안에서 은혜로 주어진 것이다.

2. 수신자 - 에베소에 있는 성도들(1절)

바울 서신의 형식은 헬라 사람들의 편지 형식이다.

제일 먼저 발신자를 밝히고, 그 다음 수신자를 말한다. 발신자—수신자—문안, 이렇게 이어진다. 성도는 '**하기오이**'($\dot{\alpha}\gamma\iota o\iota$)로 하나님께서 자신을 위해 세상과 분리시킨 그리스도인들을 지칭하는 명칭이다.

신실한 자들은 그리스도께 대한 신뢰와 충성을 겸비한 성도들을 비유하는 표현이다(고전 4:17). 에베소교회 성도들은 바울에게 있어서 특별히 관심이 많은 사람들이었다. 그가 3년간이나 피와 땀을 흘려 고생을 하면서 복음을 전한 성도들이었다.

사도행전 19장에 보면 바울이 에베소에서 복음을 전할 때 "**성령을 받았습니까?**"라는 질문을 던져 그들에게 큰 도전을 주었다. 뿐만 아니라 기적을 행하고 병든 자와 귀신들린 자를 고쳐줌으로 큰 소동이 일어났으며 마술을 부리던 사람들이 그들의 책을 불사르는 일이 발생하였다.

3. 인사 - 은혜와 평강(2절)

"**은혜와 평강이 너희에게 있을지어다.**" 은혜는 '**카리스**'(χάρις)로, 헬라인에게 일반적인 인사용어이나 그리스도인에게 있어서는 주님의 속죄사역으로 값 없이 누리게 된 구원의 은총이라는 특별한 의미를 지닌다.

또한 평강의 헬라어 '**에이레네**'(εἰρήνη)는 히브리어의 '**샬롬**'으로, 히브리인들이 개인의 물질적 축복과 번영을 기원해주는 인사말이다(창 29:6). "**은혜와 평강은 에베소서의 핵심 단어이다**"(Stott). 이런 인사말은 초대교회 성도들에게 있어 일종의 축복과 기도이며, 특별히 은혜와 평강은 본서의 주제이다(Lincoln).

이는 하나님의 변함없는 호의요 전쟁이 없는 상태, 분리가 없는 상태를 의미한다. 하나님은 은혜와 평화의 주인이시요, 원천이시다(Calvin). 이 은혜와 평강은 주님의 것이므로 여러분들의 삶에 가득 차서 언제나 사랑이 가득한 성도가 되시기를 기원한다.

모든 신령한 복

에베소서 1장 3-10절

기독교는 찬양(감사)으로 시작하는 종교이다(3절). 찬송한다는 말은 헬라어로 '율로게토스'(εὐλογητός)인데, **'누구에 대하여 좋게 말한다'**, **'좋게 이야기한다'**, **'상대를 높인다'** 는 의미이다. 하나님만이 진정한 찬양과 경배의 대상이 되는 것이다.

기독교는 찬양(감사)을 우선으로 한다. **"이 백성은 내가 나를 위하여 지었나니 나를 찬송하게 하려 함이니라"**(사 43:21). 찬송은 감사의 표현이다. 감사와 찬송은 언제나 함께 한다. 신앙의 척도는 찬송에 있다.

하용조 목사님은 구원을 받고 감격해서 한 달 동안 찬송을 불렀는데 목이 다 상하였다고 한다. 우리는 하나님께 어떤 이유로 감사해야 하는가?

1. 과거의 복 - 예정(3-6절)

바울은 '창세 전'(4절), 세상이 창조되기 전, 시간이 시작되기 전, 과거의 영원 속으로 돌아간다. 본문에 '예정'이라는 단어가 3번이나 반복된다. '예정'이란 '프로오리사스'(προορίσας)로 '앞서서 표시했다', '미리 정했다'라는 뜻이다. 그리스도 안에서, 기쁘신 뜻대로 하나님이 우리를 아들, 딸로 삼고자 예정하신 것이다.

'택하사' 는 하나님의 베푸시는; 전적으로 과분한 은총에서 나온 것이다. 하나님은 우리로 그 앞에 거룩하고 흠이 없게 하시려고 우리를 선택하셨다.

우리는 심판을 받아 마땅한 존재이지만, 하나님께서 절대적 예정의 신비로 우리를 자녀로 삼으셨기 때문에 무조건 하나님께 감사하며 살아야 한다. **"우리의 논증이나 이성이 아닌 하나님의 선포하심으로 안다. 다만 믿음으로 깨닫게 될 때 스스로 입증되는 것을 체험한다"**(Calvin). 예정은 하나님의 절대 주권이다.

2. 현재의 복 - 입양(5-8절)

"자기의 아들들이 되게 하셨으니." **'양자'** 라는 뜻의 **'휘오데시안'** (υιοθεσιαν)은 법적 용어로, 양자의 입양을 나타낸다.

첫째, 하나님의 한 가족이 되어 함께 삶을 살며(롬 8:15; 갈 4:5), 둘째, 앞으로 하나님의 기업을 상속받게 되고(롬 8:17), 셋째, 예수 그리스도의 모습을 닮게 된다(롬 8:29)는 것을 시사한다.

양자는 가문을 잇고, 모든 재산을 물려받으며, 지위까지 친자와 똑같은 권리를 누린다. 하나님은 그리스도 안에서(4절), 사랑으로(4절), 예정하사 자기의 아들이 되게 하셨다.

"속량 곧 죄사함." 이는 속죄의 완전성을 나타내기 위함이다. **'속량**' 이란 **'값을 지불함으로써 해방됨'** 을 의미한다. 특히 종의 몸값을 치르고 다시 사는 것에 사용되는 말이다. 따라서 죄사함은 죄로 인하여 파생되는 모든 결과에서 해방되는 것을 뜻한다. 하지만 아들 됨은 또한 책임을 의미한다.

3. 미래의 복 - 연합(9-10절)

하나님께서 우리를 예정하셨고, 양자로 입양하신 것은 우리에게 영광스러운 목표를 향하여 그리스도 안에서 통일(統一) 되게 하려 하심이다. '통일'이란 **"돌려오며 주목적을 향해 모으는 것을 뜻한다"**(Vincent). **"평안의 매는 줄로 성령이 하나 되게 하신 것을 힘써 지키라"**(엡 4:3)고 하신 것은 성도가 마땅히 지켜야 할 소중한 소명이다.

"다 그리스도 안에서 통일되게." 바울은 만물이 죄로 말미암아 무질서했지만, 이제 주 안에서 하나가 되었다는 사실을 언급한다(Calvin). **"여러 개의 수(數)가 합산되어 하나의 숫자로 집약되듯이, 이제 예수 그리스도 안에서 공통적 목적을 향해 통일되었음을 시사한다"**(Caird). W.C.C의 주제가 **"예수 그리스도 안에서 우리 모두 하나"**(All one in Jesus Christ)이다. 하늘에 있는 것, 즉 영적인 세력과 땅에 있는 모든 것이 연합되어서 통일성을 이루어 가야 한다.

하나님의 놀라운 은총

에베소서 1장 11-14절

칼빈주의 구원론에는 다섯가지 특색이 있다.

첫째, 인간의 전적 타락이다. 인간에게 선(善)한 것이나 공을 내세울 의(義)가 전혀 없다는 것이다. 둘째, 무조건적인 선택이다. 이는 예지(豫知)에 의해서 선택한 것이 아니라 창세 전에 우리를 예정(豫定)하사 무조건 선택하신 것이다. 셋째, 제한적인 구속이다. 예수님을 믿는다는 신앙의 범위를 정하시고 제한적으로 구원하심이다. 넷째, 불가항력적인 은혜이다. 우리가 구원을 받은 것은 강권적인 하나님의 역사이다. 다섯째, 궁극적인 구원이다. 이는 성도의 견인(堅忍)을 말한다.

오늘 본문은 우리를 구원하신 충분한 이유를 설명하고 있다.

1. 예정(豫定) - 기업(基業)(11절)

"그의 뜻의 결정대로……계획을 따라 우리가 예정을 입어 그 안에서 기업이 되었으니." 자기 뜻대로 우리를 정하시고 기업, 즉 천국의 백성이 되게 하셨다는 것이다. 예정이란 하나님이 구원사역을 직접 시작하셨고, 선택한 자들을 아들로 삼으시려고 은혜라는 방식으로(7절) 결정하신 것이다. 천국은 성도들이 받을 기업이다.

"단순히 하나님으로부터 어떤 기업을 받는다는 것보다 하나님의 소유가 되었음을 의미한다"(Lincoln). 여기에 부부의 경우처럼 하나님과 성도간의 상호소유(相互所有)의 신비로운 원리를 본다. 뜻과 계획의 차이는 전자는 목적을 말하고, 후자는 의지를 말한다. **"전자는 이성적이나 후자는 비이성적이다"**(Ammonius). **"구원은 하나님의 절대 주권이다"**(Augustine). 주권을 절대시한다. 예정의 교리란 하나님의 절대주권에서 출발한다.

2. 영광(榮光) - 찬송(讚頌)(12-14절)

"영광의 찬송이 되게 하려 하심이라." 이는 6절에 언급한 하나님의 계획과 목적의 반복이다. 하나님께서 창조의 섭리, 그리고 예정을 통하여 얻고자 하신 것은 자신의 영광을 그들로 하여금 드러내게 하려는 것이다. 인간이 하나님의 영광을 찬송하는 것은 단순히 예배의 목적이 아니라 모든 존재의 목적이 된다(사 43:21).

하용조 목사님은 구원받고 그 은혜에 감격하여 한 달 동안 **'나 같은 죄인 살리신'**, **'주 예수 대문 밖에'**, **'주 달려 죽은 십자가'** 등을 목이 상하도록 찬송을 불렀다고 한다.

신앙인의 척도는 찬송에 있다. 입술에서 감사와 찬송이 나오는 사람은 성령이 충만한 사람이다. 보증은 **'아르라본'**으로 어떤 계약을 할 때 계약금을 가리킨다. 속량은 하나님의 소유임을 가리킨다(Robinson). 성도는 언제나 성삼위(聖三位) 하나님을 늘 찬송해야 한다.

3. 성령(聖靈) - 구원(救援)(13절)

"**구원의 복음**." 복음은 천국의 복음(마 9:35), 하나님의 복음(롬 1:1), 하나님의 아들의 복음(막 1:1), 평화의 복음(엡 6:15) 등 신약에서 여러 가지 뜻으로 사용되고 있다. 이 낱말은 특히 바울서신에 많이 나오고, 누가복음이나 요한복음, 히브리서, 야고보서에는 기록되지 않는다. 바울의 복음은 예수님을 가리킨다.

"**약속의 성령으로 인치심을 받았으니.**" '인침'은 그대로 소유권을 나타내거나(아 8:6), 어떤 문서나 서신의 신빙성을 보증할 때 사용되었다. 그러므로 우리가 하나님의 소유가 된 것을 확인하는 것이다. 인(印)을 받는 것에 대해서 혹자는 이것을 세례라고 주장한다(Gnilka). "**그것은 복음을 받아들일 때 수반되는 성령의 영접을 가리킨다. 이런 관계 변화를 확증하고 보증하는 것이 인(印)침이다. 이는 성령을 받음으로 주어질 신령한 축복을 의미한다**"(Lincoln).

에베소를 위한 기도

에베소서 1장 15-23절

인간생활에 가장 큰 영향을 준 발명 중 하나가 바퀴이다. 그런데 요즘은 그 답이 모터(moter)로 변했다. 전기, 증기, 각종 연료들이 모터를 통하여 힘으로 전환되기 때문이다.

사람의 마음에는 일종의 모터가 있다. 그것을 동기라고 부른다. 모터나 모티브(motive)라는 영어는 라틴어 모텀(motom)에서 나왔는데 이는 **'움직인다'** 라는 뜻이다. 영적 모터는 성령과 믿음과 곧 기도이다.

바울은 하나님의 깊은 은혜에 감격하며 하나님을 찬양하는 마음이 그대로 기도하는 마음으로 발전한 것이다. 우리는 세상을 성령과 믿음과 기도로 변화시켜야 한다. 오늘은 에베소교회를 위한 바울의 기도를 본다.

1. 감사의 기도(15-16절)

"너희 믿음과 모든 성도를 향한 사랑을 나도 듣고." 이 말씀은 13-14절 말씀의 연결이다(Meyer). 에베소교회 신자들의 믿음이 성장하고 있다는 좋은 소식을 바울이 들었다.

이 복음이 진리의 말씀(the word truth)인 것은 이 말씀의 모형이며 그림자인 구약의 성취이기 때문이며, 이방 종교의 거짓된 말씀(the word of error)과 대조가 된다. 하나의 진실은 천의 거짓보다 힘이 있다.

"내가 기도할 때에 기억하며." 이는 기도할 때에 기억하여 그들을 위해서 기도하고, 그리고 감사하기를 그치지 않았다고 고백하고 있다. 감사와 기도는 성도의 신앙의 두 수레바퀴와 같다.

목회자는 성도들의 좋은 소식을 들을 때 마음에 보람을 느끼게 된다. 그것이 목회자의 심정일 것이다. 바울은 에베소 신자들을 위해 개인의 이름을 불러가며, 중보기도, 감사, 찬양을 하였다는 것이다.

2. 기도의 내용(17-19절)

"그리스도, 하나님, 계시의 영(성령)." 이는 기도의 대상으로서의 장엄한 표현이다. 첫째, 하나님을 알게 해달라고 하였다(17절). 이는 단순한 지식이 아니라 완전한 지식을 의미한다(엡 4:13, 빌 1:9).

하나님을 알려면 세 가지가 필요하다. 시간(time)과 대화(talk)와 신뢰(trust)이다.

둘째, 부르심의 소망을 알게 해달라고 하였다(18절). 부르심을 받은 자는 영광스러운 소망을 가지게 된다. 그것은 신령한 축복에의 소망이다(롬 8:28-30). 셋째, 기업의 영광의 풍성함을 알게 해달라고 하였다(18절). 성도가 하나님의 나라에서 기업을 차지할 그 영광은 풍성할 것이다(18절). 넷째, 우리에게 베푸신 능력을 알게 해달라고 하였다(19절).

믿음이란 하나님의 역사의 결과이다. 이 힘 **'이스퀴스'** ($i\sigma\chi\acute{u}os$)

는 그의 부르심의 소망과 기업에 연관된 것이다. 이 두 가지를 얻기 위해서 힘이 필요한 것이다.

3. 기도의 송영(20-23절)

하나님의 능력이 그리스도를 통해 역사하시는 내용을 설명하여 그리스도가 만물과 교회 위에 군림하시는 것이다. 이것은 기도의 송영인 동시에 심오한 교리이다.

주님의 부활은 명백히 하나님의 능력이며, 오른편에 앉히신 것은 최고의 권세자로 승귀하신 것을 말한다(20절). 주는 교회의 머리이시며 세상을 다스리시는 최고의 권세자가 되신다. 또 주는 만물을 그 발 아래 복종케 하는, 피조물에 대한 통치권을 가지신 분으로 묘사한다. 이는 시편 8편 6절의 인용으로, 만물이 그의 발 아래 복종할 때 그는 이것을 하나님께 돌리신다(고전 15:24-25; 히 2:8-9).

"교회는 그의 몸이니." 본문은 교회가 그리스도의 생명을 수여받은 유기체임을 나타낸다(Wood). 그리스도는 교회 안에 내재하시며 교회에 충만케 하셔서(골 3:16), 교회가 자신의 분량까지 완전해지도록 역사하신다(Bruce).

믿음으로 얻은 구원

에베소서 2장 1-10절

우화(寓話) 가운데 이런 이야기가 있다. 토끼가 길을 가다가 함정에 빠진 늑대를 보았다. 며칠을 굶어 죽어가던 늑대가 토끼를 보고 살려달라고 애원을 하였다. 토끼는 **"건져주면 잡아 먹지 않겠다"** 는 늑대의 맹세를 받고 나뭇가지를 던져 살려주었다.

그런데 살아난 늑대가 배가 고파서 어쩔 수 없다고 하면서 토끼를 잡아 먹으려고 할 때 여우를 만나 재판관으로 세웠다. 그때 여우는 **"처음 사정이 어떠했느냐"** 고 물었다. 늑대는 다시 함정에 들어가 **"이렇게 있었다"** 고 말했다. 여우는 늑대에게 **"너는 그렇게 있는 것이 좋겠다"** 고 말하고는 토끼와 함께 가버렸다.

우리는 성도로서 예수 믿기 전의 사정을 잊어버리는 것을 반성해야 한다.

1. 허물과 죄로 죽은 사람들(1-3절)

구원받기 전 과거의 삶을 죽음으로 단정한다. **'허물'** 은 **'곁으로 비켜나다'** 라는 뜻이다. 이는 진리에서 떠나는 것이며, 죄는 문자적으로 **'과녁에서 벗어나다'** 라는 의미이다. **"죽었던"** (네크투스)은 실제적 죽음을 말하는 것이 아니라 하나님으로부터 분리된 상태, 곧 영적으로 죽은 상태를 말한다.

불행은, 첫째, 영적으로 죽은 것이다. 둘째, 세상 풍속을 좇은 것이다. 종교 혼합주의나 세상을 따라가는 관습이다. 셋째, 공중의 권세 잡은 자를 따른 것이다. 이는 인간의 참된 행복과 인간에 대한 하나님의 목적을 방해하는 초자연적인 악한 세력인 사탄을 의미한다(Mitton). 넷째는 본질상 진노의 자식인 것이다.

"**다른 이들**"이란 그리스도 밖의 불신자를 말하는 것으로, 본질상 진노의 대상이었다(Bruce). 이는 자기와 세상 욕망을 따라 살다가 하나님을 떠나면 심판을 받아 영원히 멸망할 존재를 말한다.

2. 예수로 구원을 받은 사람들(4-7절)

"**긍휼이 풍성하신 하나님.**" 전체의 문맥의 주어는 하나님이시다. 긍휼은 '**엘레에오스**'로(ἔλεος), 하나님의 언약을 충실히 지키는 사랑을 베푸시는 것을 시사한다.

"**그 큰 사랑.**" 구원의 동기는 다만 하나님의 긍휼과 사랑이었다. "**긍휼이란 단지 동정이 아니라 실제적인 도움을 마련하는 감정이며, 구제에 이르는 동정을 말한다**"(Eadie). 트랜취는 "**계시 종교의 품에서 조성된 낱말**"이라고 표현했다. "**허물로 죽은 우리를 그리스도와 함께 살리셨고.**" 하나님께서 그리스도에게 성취하신 것은 곧 그와 연합한 자에게 성취하신 것이다(Ellicott).

본문에는 동사가 3개 나온다. "**살리셨고**"(5절), "**일으키사**"(6절), "**앉히시니**"(6절), 이 세 단어는 구원과 그리스도와의 연합을 나타낸다(Lincoln). 우리는 하나님의 자비와 지극히 풍성한 은혜로 주님의 갈보리 언덕의 피의 공로로 구원을 받았다.

3. 믿음으로 구원받은 사람들(8-10절)

"**그 은혜에 의하여 믿음으로 말미암아 구원을 받았으니.**" 구원은 하나님께서 그리스도 안에서 행하신 구속의 은총을 받아들이고 응답함으로 얻게 된다. "**믿음은 자신을 의롭게 하려는 행위를 포기하고 하나님의 긍휼을 기대하는 하나님의 수단이다**"(Wood).

종교개혁자들의 슬로건은 "**오직 믿음, 오직 은혜**"이다. 전자는 인간 편에서, 후자는 하나님 편에서 유일한 조건이다. 믿음이 구원의 요소인 것은 신구약성경의 대강령이다(합 2:4; 요 3:16). 행위, 즉 율법이나 도덕이나 선행이 절대로 구원의 조건이 될 수가 없다. "**신앙생활에 있어서 자기 자랑이란 치명적인 것이다**"(Westcott). 우리의 자랑은 오직 주님이며 십자가일 뿐이다.

"**선한 일을 위하여.**" 오직 선한 일은 '**복음 전도**'를 의미하며, 구원받은 자의 의무이다. 선한 일은 성령을 통해서만 가능하며 하나님의 은혜에 기인한다(Lincoln).

십자가로 이루는 평화

에베소서 2장 11-18절

몇 가지 계산법을 소개한다. 학교 구구법은 2×2=4이다. 사랑 구구법은 2×2=1이다. 기쁨 구구법은 2×2=4이다. 묘지 구구법은 일,십,백,천,만,억×죽음=0이다. 예수 구구법은 0×Jesus=무한대이다.

기독교는 십자가의 종교요, 희생의 종교이다. 줌으로써 얻는 종교이다(눅 6:38). 주님은 십자가로 하늘과 땅의 관계와 유대인과 이방인과의 평화를 이루셨다. 십자가는 나라의 국기나 여인들의 목걸이에도 있지만, 우리는 십자가의 위세를 높여야 한다.

갈보리 언덕의 십자가는 준엄하고 거룩한 상징이 되었다. 우리는 십자가를 소홀히 하지 말고, 십자가의 삶을 살아 승리할 수 있기를 기원한다.

1. 그리스도 밖의 사람들(11-12절)

"그러므로 생각하라." 이는 그리스도인이 되기 이전의 상태와 이후의 상태를 대조하고 있다.

구체적으로 보면 첫째, 그리스도인이 되기 전에는 육체로 이방인이었다. 혈통에서 에베소 교인들이 유대인이 아니라는 말이다(Mitton). 둘째, 무할례당이다. 할례는 하나님의 백성임을 나타내는 것이다(창 17:8-14). 셋째, 그리스도 밖에 있었다. 하나님의 은혜를 알지 못했던 때를 가리킨다(Foulkes). 넷째, 이스라엘 나라 밖에 있었다. 국가적 출생의 차이로 선민의 특권을 갖지 못하였다(롬 9:4-5). 다섯째, 약속의 언약에 대해서 외인이다. 언약은 이스라엘과 특별한 관계를 말한다(Mitton). 여섯째, 세상에서는 상관이 없는 자이다. 이방인은 희망이 없는 것을 말한다. 일곱째, 하나님도 없는 자들이다.

생명의 근원 되시는 하나님을 경외하지 않고 사는 사람이라는 뜻이다. 이는 예수 믿기 전 우리의 상태이다.

2. 예수의 피로 구원받은 사람들(13-15절)

"그리스도의 피로 가까워졌느니라." 행복은 언제나 불행과의 대조에서 깨닫게 된다. 하나님에게서 멀리 떨어져 있던 우리가 이제는 하나님과 교제를 나누는 단계(Wood)가 된 것은 그리스도의 피 때문이다(히 10:19-22). 그리스도의 피는 하나님과 화해를 이루는 대속적인 희생의 피이다(1:7, 롬 5:10; 골 1:20-22).

"중간에 막힌 담을 자기 육체로 허시고." 이는 성소와 지성소간의 막힌 성전난간을 의미하며(Hanson), 또 율법을 의미한다(Caird). 그러나 이는 유대인과 이방인의 구원을 위해 율법(律法)을 폐하심을 의미한다.

주님은 율법에 의해서 지배를 받던 옛 질서를 다 폐하셨다. 이는 율법을 없앤다는 것이 아니고, 구원의 길을 여셨다는 뜻이다(Bruce).

그 목적은 유대인과 이방인의 사이에 있었던 벽을 허물어 화평하게 만드는 새 창조의 공동체를 이룬 것이다(Bruce).

3. 하나 됨의 평화를 입은 사람들(16-18절)

"하나님과 화목하게 하려 하심이라." 바울은 그리스도의 십자가의 대속적 희생의 목적은 죄 때문에 원수 된 것을 제거(除去)하고 궁극적으로 하나님과의 화목을 이루는 것이라고 진술한다(롬 5:10).

이는 하나님이 만드신 온 인류가 이루는 **'한 몸'**, 곧 **'교회'** 를 상징한다(4:1-12; 골 1:18, Meyer). 한 몸을 이루는 비결은 십자가이고(16절), 목적은 화평이다. 화평, 화목, 평안이라는 단어가 5번 나온다. 화평하려면 희생하여, 내가 죽으면 하나가 될 수가 있다(18절). 하나님과 인간, 성도와 불신자, 교인간, 가족간에 화목해야 행복해진다.

"나아감을 얻게 하려" 에서 **'나아감'** 의 헬라어 **'프로사고겐'** ($\pi\rho o\sigma\alpha\gamma\omega\gamma\dot{\eta}\nu$)은 구약에서 종교적이고, 제사적인 표현으로 70인역에서 하나님 앞에 나아가기 위해 제사를 드리는 경우에 사용되었다(레 1:3). 우리는 주님께 나아가는 심정으로 모두와 화목해야 할 것이다.

성도의 세 가지 특권

에베소서 2장 19-22절

신학자 넬스 페레 박사는 〈신앙의 깊이 3단계〉를 말하였다.

"첫째는 전통적인 신앙 단계, 곧 구원의 교리를 받아들이는 단계이다. 둘째는 자기를 비우는 단계, 곧 자랑, 두려움, 위선, 고집 등을 버리는 단계로, 이는 죄를 고백하며 항복하는 단계이다. 셋째는 더 깊이 들어가는 단계이다. 그것은 하나님을 '아빠 아버지'로 부르는 단계이다. 실질적인 생각과 말, 행동으로 유대를 확실하게 구축하는 단계이다."

성도란 히브리어 '**카도쉬**', 헬라어로 '**하기오이**'이다. '**구별되다**', '**바쳐지다**' 라는 뜻으로, 하나님을 신실하게 믿는 사람들을 가리킨다. 우리 모두 비우고, 받아들이고, 행동이 주님 중심으로 구축해야 한다.

1. 새 사람 됨의 특권(15, 18절)

"**새 사람을 지어.**" 우리는 거듭나서 하나님의 자녀의 특권을 누린다(요 1:12). "**우리 둘이 한 성령 안에서**"(18절). 이는 유대인과 이방인이 화목하고 나아가서 하나님과 화목함을 나타낸다(이상근). 성령으로 인도를 받는 자는 또한 신앙적으로 한 마음이 된다.

종교개혁의 3대 원리는, 첫째는 성경의 권위요, 둘째는 믿음으로 구원을 받는 것이요, 셋째는 모든 신자가 다 제사장이라는 것이다. 이제 주님으로 이방인과 유대인을 구별하였던 옛 범주(範疇)는 폐지되었으며, 그 결과 이방인과 유대인이 함께 죄를 용서받을 수 있는 길이 열렸다.

우리가 누리는 축복은 새 사람 의식이며, 이 새 사람 의식은 제사장 의식과 함께 있지만, 타인에 대해서는 조심해야 한다(딤전 5:22). 우리가 직접 하나님께 죄를 회개하면 죄사함을 받는다는 진리가 개신교의 기본교리이다(김의환).

2. 천국 시민 됨의 특권(19절)

천국 시민권은 성령의 인침을 받은 자에게만 주어진다(1:13). "**그러므로 이제부터 너희는 외인도 아니요 나그네도 아니요 오직 성도들과 동일한 시민이요 하나님의 권속이라.**" '그러므로'의 헬라어 '**아라운**'은 19-22절 내용이 14-18절의 내용을 요약하는 것이며, 13절의 내용을 확대하는 것을 말한다(호크마).

외인은 '**크세노스**' (ξένος)로 외국인을 의미하며, 나그네 '**파라이코스**' (πάραικος)는 자원해서 나라에 거주하는 외국인이나 권리가 없는 자를 뜻한다. 또한 성도는 하나님의 백성 즉 그리스도인을 의미한다(Hanson). 외인은 시민과 대조되고, 나그네는 권속과 대조된다(Harless).

그리고 권속(眷屬)은 가족을 뜻한다(요 1:13; 갈 4:7). 이는 육적인 아브라함의 후손을 말하는 것이 아니라 믿음으로 아브라함의 자손이 된 자를 말한다. 이제 우리는 그리스도와 연합된 그리스도인이다.

3. 성전 됨의 특권(20-22절)

이 집의 터는 사도들과 선지자들, 모퉁잇돌은 그리스도, 그리고 신자들은 그 위에 쌓아올린 돌들이다(이상근). **'모퉁잇돌'**은 돌을 쌓아가는 건물의 기초이고, 또 이 벽과 저 벽을 연결하는 건물의 중심이며, 이 돌에다 건축자의 소유권을 표시하는 뜻을 가지고 있다.

"건물마다 서로 연결하여." 각각의 건물이라기보다 건물 전체를 가리킨다. 성도는 주 안에서 서로 다른 몸끼리, 주의 이름으로 서로 연결되어져 가는 그리스도인의 모습이다(NIV). 이는 보편적이고 우주적인 교회를 의미하며, 이 교회는 현재 이 땅에 건축되고 있다. 성전은 하나님이 거주하시고 만나시며 교제하시는 장소인 것이다.

하나님이 교회에 거하시는 수단은 성령이며(고전 3:16), 교회는 성령의 작용으로 지어진다(Wood). 하나님은 성도를 성전이라고 말씀하셨다(고전 3:16, 6:19).

교회의 비밀

에베소서 3장 1-7절

이 부분에는 '**바울의 사도직**(使徒職)**에 대한 간증, 이방인의 부르심, 또한 비밀의 계시**' 등의 중요한 사상이 발표되고, 이 세 가지는 또한 신비롭게 연결되어 있다.

즉 이방인의 부르심을 받아 유대인과 같이 기업을 얻게 된 것은 전대미문(前代未聞)의 교회의 비밀이었다. 이 비밀이 바울에게 계시되어 그는 이방인의 사도로서 부르심을 받은 것이다.

교회의 3대 퇴락은 '처음 사랑을 버린 교회(계 2:4), **회개하지 않는 교회**(계 2:21), **영적으로 죽은 교회**(계 3:1)' 이다. 살아 있는 교회는 믿음으로 운행되고, 죽어가는 교회는 계산과 판단으로 운행되므로, 우리는 살아 있는 일꾼이 되어야 한다.

1. 옥중의 바울(1-2절)

"**예수의 일로 너희 이방인을 위하여 갇힌 자 된 나 바울이.**" 바울의 체포 당함과 투옥은 바울의 사도적 직분, 즉 이방인의 사도 됨을 시사한다(7-8절, Meyer).

바울이 옥중에 갇힌 이유는 그리스도를 위하고, 이방인을 위한 것이었다. 전자는 소명적인 원인이요, 후자는 인간적인 원인이었다.

여기에서 이방인, 즉 우리 때문에 그리스도에게 헌신한 바울의 확고한 소명감을 엿볼 수 있다.

"너희를 위하여 내게 주신 하나님의 그 은혜의 경륜." 원래 경륜은 광범위한 하나님의 계획을 말한다. 경륜에 해당하는 헬라어 **'오이코노미안'**은 **'하나님의 계획이나 경영'** (1:9), **'관리하는 실제적 행위'** (3:9, 1:10) 등을 의미하지만, 여기에서는 **'집안을 관리하는 직분'**을 의미한다(Houlden).

이렇게 바울을 부르신 하나님의 계획은 이방인의 성도를 위한 큰 은혜의 축복이므로 늘 감사한 것이다.

2. 복음의 비밀(3-5절)

"곧 계시로 내게 비밀을 알게 하신 것은." 계시에 해당되는 **'아포칼립신'** (ἀποκάλυψιν)은 문자적으로 **'드러낸다'**, **'베일을 벗긴다'**는 것을 의미한다. 계시는 하나님의 방법으로, 성령과 말씀과 자연과 사건을 통해서 나타낸다. 바울은 이렇게 계시의 사람이었다. 4절의 **'그리스도의 비밀'**은 그리스도 안에 함축된 비밀 즉 그리스도의 인격, 사역 특별히 이방인을 하나님의 백성으로 연결짓는 구속적인 사역을 가리킨다(Bruce).

5절은 영원부터 감추어진 비밀이 이제 그리스도를 통하여 은혜로 유대인과 이방인들 사이에 밝히 드러났음을 시사한다. **"다른 세대"**는 앞서 언급한 **"이제"**와 대조적인 개념으로, 그리스도가 오시기 이전 즉 구약시대를 가리킨다. **"사람의 아들들"**은 구약시대의 이방인을 총칭하는 말로 이해해야 한다(Wood). 이제 이 비밀이 우리에게 밝히 나타난 것이다.

3. 복음의 일꾼(6-7절)

'**상속자, 지체, 약속.**' 이 세 가지는 신앙의 결과로서의 구원의 상태를 묘사한 것이다. 함께 상속자(후사)가 된 것은 그들의 특권이요, 함께 지체(한몸)가 된 것은 그들의 상태요, 함께 약속(생명-구원)에 참여한 것은 그들의 신분을 말한다(이상근).

"**이 복음을 위하여……내가 일꾼이 되었노라.**" 일꾼 '**디오코노스**'($διάχονος$)는 영어 성경에는 'minister'로 되어 있는데, 이 낱말은 그대로 목사를 가리키며, 그 뜻은 그리스도의 교회를 '**섬기는 자**'를 의미한다. 성도는 지배자가 아니라 종이며, 스스로 교회를 섬기는 자이다(마 20:28).

성도는 하나님의 교회의 머슴이다. 이것이 하나님의 은혜의 선물이다. 머슴은 자기를 위해 살지 않고 오로지 주인을 위해 산다. "**하나님의 은혜는 그의 능력으로 마음속에 뿌리박지 못한다면 소용없는 것이다**"(Chrysostom). 우리는 무엇을 하든지 하나님의 종이라는 것을 잊지 말아야 한다.

사도 바울의 고백

에베소서 3장 8-13절

데이비드 리빙스턴의 마지막 일기이다.

"1873년 3월 19일. 오늘이 나의 생일이다. 나의 생명이신 주님, 오늘 다시 나의 인생을 주님께 바칩니다. 독생자를 주신 하나님, 나 리빙스턴, 보잘 것 없지만 나를 받으시고 끝까지 사용하여 주소서. 아멘." 그는 이미 깊이 병든 60세의 노구인지라 결국 그 해에 별세했지만, 죽음을 목전에 두고도 주님께 쓰임받기를 원하였다. 아프리카에서 선교사로 헌신한 그는, 무릎꿇고 기도하는 모습으로 죽었다.

그의 묘비에는 "**리빙스턴은 하나님의 사랑에 응답하며 살고, 응답하다가 죽었다**"고 기록이 되어 있다.

오늘 본문은 사도 바울의 위대한 신앙고백을 나타내는 말씀이다.

1. 겸손한 사람(8-11절)

"**모든 성도 중에 지극히 작은 자보다 더 작은 나에게.**" 바울의 겸손함을 나타낸다. 그는 그의 서신에서 "**지극히 작은 자**"(고전 15:9-10), "**만삭되지 못하여 난 자**"(고전 15:8), "**죄인 중에 괴수**"(딤전 1:15)라고 자신의 초라한 본성을 고백한다. 여기에 대사도의 반성과 겸손을 엿볼 수 있다.

"이는 죄의식에서 비롯된 겸손이다"(Blaikie). 자기 부정이 없이는 주님의 온전한 일꾼이 될 수가 없다.

"측량할 수 없는 그리스도의 풍성함을 이방인에게 전하게 하시고." '**측량할 수 없는**'은 '**한계가 없는**' 것을 의미한다. '**풍성**'은 가득 차서 흘러 넘치는 은혜의 상태를 가리킨다.

'**이방인**'은 헬라어로 '**에드네신**'(ἔθνεσιν)인데 '**경멸**'을 뜻한다. 그야말로 하나님께서 이방인에게 베푸신 은혜가 얼마나 큰지를 충분히 이해할 수가 있다. 우리가 받은 직분은 불신자에게 그리스도의 사랑을 기쁘게 전하는 것이다.

2. 믿음의 사람(12절)

"그 안에서 그를 믿음으로." 성도의 대담성과 영접의 근거는 그리스도에게 있다. 그리스도 안에 있는 성도의 믿음을 의미하는 것으로, 믿음으로 하나님께 담대히 나아갈 수 있음을 시사한다(롬 5:2, Lincoln). 우리는 아무 공로가 없지만, 예수님의 피의 공로를 믿음으로 두려움이나 부끄러움이 없이 하나님께 담대히 나아갈 수 있다.

'**담대함**'은 원래 '**언론(言論)의 자유**'를 표시했으나, 나아가서 '**정신적인 자유**', '**즐거운 신념**'을 표시하게 되었다. **"그것은 하나님과 화목한 자의 즐거움이 넘치는 상태를 말한다"**(Meyer).

확신은 당당함을 의미한다. 성도는 하늘의 복음의 비밀을 받은 자로서 하늘의 유업을 나누고, 지체가 되며, 약속을 받은 자로서 그리스도의 몸 된 교회를 위하여 이 세상을 향하여 당당하고 담대하게 나아가야 한다. 결코 교만이 아니고, 사명이기 때문이다.

3. 환난의 사람(13절)

"**너희를 위한 나의 여러 환난에 대하여.**" 바울은 이방인에게 복음을 전함으로 유대인들에게 박해를 받아 많은 어려움을 겪었다(빌 2:17). 바울이 감옥에 갇혔기에 에베소 교인들이 낙심이 되지 않도록 하려는 것이다(Mitton). 주님 때문에 받는 고난은 두려워하지 말아야 한다. 찬송가 373장 2절에 "**큰 물결 일어나 나 쉬지 못하나 이 풍랑으로 인하여 더 빨리 갑니다**"라고 하였다.

"**낙심하지 말라 이는 너희의 영광이니라.**" 낙심은 어떤 때는 '**비겁함**'을 표시한다(Vincent). 신앙을 잃으면 낙심하게 되고, 낙심하면 비겁해지는 것은 영적 생활의 정해진 경로이다.

"**하나님은 그들을 사랑하사 아들을 주시고, 또 그의 종들이 환난을 받게 하셨다. 즉 그들이 큰 축복을 받기 위해 바울은 투옥이 되었다**"(Chrysostom). 고난은 현재는 힘이 들지만, 지나고 나면 그것이 큰 복으로 우리에게 다가온다는 사실을 믿어야만 한다(롬 8:18).

사도 바울의 기도

에베소서 3장 14-19절

철학자 임마누엘 칸트는 세 가지 행복을 말했다.

첫째는 할 일이 있을 때, 둘째는 사랑할 대상이 있을 때, 셋째는 미래에 대한 희망이 보일 때라고 하였다. 그런데 세 번째 행복을 찾은 사람은 첫 번째와 두 번째 행복도 기필코 찾을 것이라고 하였다. 내일의 행복이 최고이다. 과거에 붙들려 있지 말고 미래를 살아가라는 말이다.

이제 바울은 에베소교회 성도들을 향한 꿈을 싣고 그들이 믿음으로 무장하고 그리스도로 채워져서 온전한 삶을 살아가도록 간절히 기도하고 있다. 믿음이 성숙해질수록 거룩하고 높으신 하나님 앞에 겸손해지고 순수해진다. 기도는 성도를 온전케 하는 유일한 비결이다.

1. 기도의 대상(14-15절)

"이러므로." 1절에서 중단된 말을 회복한다. 지금까지(2-13절) 자신의 위대한 사명을 선포한 바울은 이제 그의 독자들을 위해 하나님께 간절한 기도를 드린다. **"하늘과 땅에 있는 각 족속에게."** 하늘의 천사를 비롯한 모든 족속(the whole family, KJV)을 가리킨다. 이는 하나님의 광대한 통치 영역을 나타낸다.

"이름을 주신 아버지 앞에." 하나님은 하늘의 천사 및 각 족속의 공통의 아버지가 되신다. 여기에는 하나님의 웅대한 부성(universal fatherhood)이 엿보인다(Meyer). 구속론적 차원의 **'아버지'**(2:18)와 **'만물의 창조자'** 로서의 **'아버지'**(2:9)와 상관성을 갖는다(Lenski).

이것은 아버지가 각 족속의 창조자이시고, 주(主)이시며, 모든 존재의 의미가 되심을 시사한다(Lincoln). 곧 아버지는 천지만물을 창조하시고 다스리시는 전능한 하나님이심을 가리키는 것이다(창 1:1).

2. 기도의 자세(15절)

"무릎을 꿇고 비노니." 당시 유대인의 풍속은 기도할 때 서서 하늘을 우러러 외치는 것이었다. 따라서 바울이 무릎을 꿇고 기도하는 모습은 **"간절한 마음으로 기도함"** 을 보여준다.

다니엘은 매일 시간을 정해놓고 기도할 때 무릎을 꿇었다(단 6:10). 헨드릭슨은 **"기도할 때 몸을 구부정하게 하고 단정치 못한 자세를 취하는 것은 여호와께 가증한 것이다"** 라고 했다.

유대인의 기도하는 자세로 ① 서서 드리는 기도(막 11:25; 눅 18:11), 이는 보통의 기도이다. ② 엎드려 드리는 기도(스 10:1; 눅 18:18), 이는 자복의 기도이다. ③ 꿇어 드리는 기도(대하 6:13; 단 6:10; 눅 22:41; 행 7:60), 이는 간곡한 기도이다. 꿇어 기도하는 것은 초대교회 신자의 공통적인 습관이었다(Euseb). 사도 바울은 보이지 않는 교회의 비밀을 선포한 후 꿇어 이방인의 뭇 성도를 위해 기도하였다.

3. 기도의 내용(16-19절)

여기에서 바울은 하나님의 사랑으로 온전케 되도록 기도하고 있다. 첫째, 능력으로 속사람이 강건하게 되도록 기도한다(16절) 속사람이 강해져야 한다. 신령한 지식, 사랑, 평화, 성결 등은 속사람의 양식이다(Clarke).

둘째, 사랑 가운데서 뿌리가 박히고 터가 굳어지도록 기도한다(17절). 성령께서 내주하시는 곳은 마음이다. 성령이 일시적으로 거주하다가 떠나는 것이 아니라 영원히 그리스도 안에서 사는 것을 의미한다. 곧 주 안에서 사는 신앙생활이다.

셋째, 그리스도의 사랑을 알도록 기도한다(18절). **'알아'** 는 **'신중하게 꼼꼼하게 챙기는 것'** 을 말한다. 주님의 사랑을 실제적으로 경험하며 깨달음을 의미한다. 넷째, 하나님의 충만하심까지 채워지기를 기도한다(19절). 넓이, 길이, 높이, 깊이는 그리스도의 사랑의 광대성을 나타낸다. 성도는 무슨 일을 하든지 오직 그리스도의 충만으로 나아가야 한다.

사도 바울의 송영

에베소서 3장 20-21절

기네스북에 의하면 세계에서 감사장을 가장 많이 받은 사람은 미국의 데일 로저스 여사라고 한다.

그는 녹음예술과 TV, 그리고 영화제작에서 상당한 수입으로 편안하게 살 수 있었지만, 고아와 버림받은 아이들, 정신지체아들과 불행한 어린이들을 돕기 위해 자선 모금행사를 무려 5천 번 이상이나 개최하였다고 한다. 그녀는 한때 마약을 하고 인생 밑바닥에 떨어져 살았지만, 하나님의 말씀으로 승리한 사람이었다.

그는 "**나를 구한 것은 성경이었다. 성경 속의 인물들을 통해 어려움을 신앙으로 극복한 사람들의 삶을 배웠기 때문이다**"라고 하였다. 성경은 믿음과 기도로 삶을 이루는 능력의 말씀이다.

1. 능력이 충만하신 하나님(20절)

하나님께 간절한 기도를 드린 바울은 하나님의 신비성에 대한 송영으로 이 기도와 교리편을 맺는다. "**우리 가운데서 역사하시는 능력대로.**" 하나님은 능력이 충만하신 분이시다. 모든 것이 가능하신 분이시다.

사도신경에 보면 '**전능**'이라는 단어가 두 번이나 나온다. 하나님은 말씀으로 무(無)에서 유(有)를 창조(create)하셨다(창 1:1). **"나는 전능한 하나님이라 너는 내 앞에서 행하여 완전하라"**(창 17:1). 하나님의 충만하신 모든 능력이 죄인인 우리에게 언제나 쏟아 부어지고 있다. 우리는 늘 긍정적 사고, 믿음의 고백, 창조적인 언어를 사용해야 한다. 그러므로 믿음과 기도와 인내는 삶을 부요하게 하는 절대적 요소가 된다.

"성도들은 어떤 경우를 만나든지 하나님께 '예' 하는 사람이다" (Barth). 우리는 부족한 것이 많지만, 가장 부족한 것은 하나님을 온전히 믿지 않는 것이다.

2. 응답하시는 하나님(20절)

하나님은 성도의 기도에 응답하실 능력이 있다는 것을 4단계로 진술한다. 첫째, 그분은 모든 것을 하실 수 있다. 둘째, 우리가 구하는 것을 주실 수 있다. 셋째, 그분은 구하거나 생각하는 것까지 주실 수 있다. 넷째, 우리의 구하는 것을 더 넘치게 하실 능력이 있다. 이는 중보기도의 성취에 대한 확신이다(호크마). 하나님은 모든 것이 가능하신 전능자(全能者)이시다.

"더 넘치도록 능히 하실 이에게." **"더 넘치도록"** 은 '**휘페크페리수**' (ὑπερκπερίσσου)는 바울이 만들어 낸 '**최-최상급**' 중 하나이다. 영어에서 이와 같은 뜻으로 제안된 말은 '**측량할 수 없이 더**' 혹은 '**그보다 막대하게 더 많이**', '**무한히 더 많이**' (AG, JBP)로, 이는 하나님께는 응답의 한계가 없다는 표현이다. 하나님은 모든 것을 하실 수 있다(약 1:1-8).

3. 영광의 하나님(21절)

"교회 안에서와 그리스도 예수 안에서." 교회는 하나님의 풍부하신 지혜와 영광이 나타나는 곳이다.

"교회가 하나님의 찬양을 받으실 외적인 왕국인 것처럼, 그리스도는 그 찬양의 영적인 영역이시다"(Vincent). "영광이 대대로 영원무궁하기를 원하노라." '영광'은 하나님의 고양(高揚)된 지위나 명예로서 하나님의 인격이나 능력을 나타낸다(Lincoln). 하나님께서 만드신 교회는 하나님을 영화롭게 하기 위해 존재한다. 그 영광은 영원 무궁히, 대대로 알려질 것이다. 무한의 시간을 의미한다.

'아멘'($\alpha\mu\eta\nu$)은 히브리어 '아아만'(aman)에서 온 말로 '동의한다', '확인한다', '진실로' 라는 뜻이다. 이 말은 구약에서 진술 또는 신원을 확인할 때 사용하였고(왕상 1:36; 렘 28:6), 예배 시에 기도 응답으로 사용되었다(시 106:48; 느 8:6; 롬 1:25; 계 5:14). 이 말은 종국적으로 인격화하여 그리스도 자신을 가리켰다(계 3:14).

"영광이 대대로 영원무궁하기를 원하노라 아멘."

하나 됨을 힘써 지키라

에베소서 4장 1-6절

미국의 뉴욕과 뉴저지를 연결하는 조지 워싱턴 교는 높이가 600피트, 길이가 3,500피트인데, 이 다리를 매달고 있는 네 개의 쇠줄은 2,700개의 철사를 1야드 부피로 꼰 것으로서 전부를 한 줄로 이으면 지구를 네 바퀴나 감을 수 있다고 한다.

이렇게 서로 꼬이고 뭉친 힘이 연간 1천만 대의 차량이 통행하는 다리를 70년간 문제없이 지탱하고 있다. 한 오라기 얇은 철사, 한 개의 나사와 쇠붙이들이 제자리를 지키고 서로 발휘해서 협동하는 힘이 이토록 놀라운 능력이 된다.

사분오열된 한국교회는 십자가로 하나로 뭉쳐서 힘을 엉뚱한 데 낭비하지 말고 하나님과 이웃을 섬기는 데 투자해야 한다.

1. 하나 됨의 방법(1-2절)

교회생활의 여러 가지 권면 중에서 첫째가 교회의 일치이다. 이제 실천편으로 명령보다 사랑으로 간청하고 있다.

"부르심을 받은 일에 합당하게 행하여." 성도의 실천생활의 기본정신을 말한다(롬 12:1).

그 방법은 첫째, 겸손이다. 겸손은 **"자신의 부족과 무지함을 깨닫**

고 자신보다 남을 낮게 여기는 마음의 자세이다"(Bruce). 둘째, 온유이다. 온유는 '이해심 깊음'이라는 뜻으로, 하나님께 기쁘게 순복하며, 남의 약점에 대해 자기를 억제하고, 부드럽게 대하는 태도이다. 셋째, 오래참음은 자기를 이기고 견디며, 자기가 받은 피해에 분노나 복수의 마음을 갖지 않는 것이다.

"사랑 가운데서 서로 용납하고." 사랑은 모든 덕을 완성시켜 주는 절대 요소이다. 사랑과 용서는 이 땅에서 가장 소중한 덕목이다. 이 모든 것은 자기 희생을 의미하므로, 나는 죽어야 한다(고전 15:31).

2. 하나 됨의 열망(3절)

"평안의 매는 줄로 성령이 하나 되게 하신 것을 힘써 지키라."
성도는 옳고 그름과 생활양식, 사고방식, 전통, 지식 정도에 따라 서로 다를 수 있지만, 예수를 믿었기 때문에 이미 하나가 되었다. 바울은 하나 됨, 즉 일치의 생활을 강조하고 있다. 하나님과 유대인, 또 이방인과의 관계를 자기 육체로 다 허물었기 때문에, 성도는 이유 없이 하나가 되어야 한다.

"평안의 매는 줄로." 그리스도와 연합에 있어서 수단이 되는 띠를 말한다. '매는 줄'은 헬라어로 '쉰데스모' ($\sigma\upsilon\nu\delta\epsilon\sigma\mu\omega$)로, 성도들을 서로 묶어주는 사랑을 상징적으로 표현한(골 3:14) 것으로 족쇄보다 강한 결속을 시사한다(Calvin).

"힘써 지키라" 는 **'노력하다'** 보다 강한 표현으로서 어떤 목적을 향한 진지하고 열심 있는 태도를 가리킨다(Blaikie). 교회의 하나 됨은 생명 유지처럼, 성도에게 정말 급박한 것이므로, 이 명령을 반드시 지켜야 한다.

3. 하나 됨의 이유(4-6절)

바울은 본문에서 교회가 하나가 되어야 하는 근거를 7가지로 제시하고 있다.

첫째, **"몸이 하나요."** 이방인과 유대인으로 구성된 그리스도의 몸, 곧 교회를 뜻한다(1:23, 2:14-22). 둘째, **"성령도 한 분이시니."** 바울은 그리스도인은 누구나 성령을 받았다고 믿었다. 셋째, **"한 소망 안에서 부르심을 받았느니라."** 교회가 통일을 이루어야 하는 이유는 '**부르심의 한 소망**' 안에 있기 때문이다.

넷째, **"주도 한 분이시요."** 예수 그리스도의 주권을 인정하고 주를 따르며 복종한다는 의미이다(Hendricksen). 다섯째, **"믿음도 하나요."** 믿음의 대상이 하나이므로, 그 믿음도 하나일 수밖에 없다.

여섯째, **"세례도 하나요."** 세례는 주의 몸과 연합이 되어 있는 외적인 표현이다. 일곱째, **"하나님도 한 분이시니."** 하나님은 만유의 아버지, 성도의 구속자로서 우주적인 의미를 담고 있다(Wood).

하나 되어 행하라

에베소서 4장 7-16절

에베소서 4장 전반은 '**교회의 일치**'를 논하였지만 본문에서는 차이가 있는 은사를 논하고 있다. 교회는 복음으로 하나 되어야 하지만 기계적으로 단조로운 것은 아니다. 그 근거는 이미 생각하였다. 몸은 하나이나(4절), 그 몸에는 여러 가지 지체가 있기 때문이다.

신앙은 하나이나(5절), 그것을 변증하는 신학은 각양이다. 세례는 하나이나 그 양식은 같지 않다. 무엇이 '**맞고**' '**틀리다**' 다는 것보다, '**서로 다르다**'는 것을 인정해야 한다. 하나님은 한 분이시나(6절), 그는 성삼위(聖三位)의 신이시다. 여기에는 부동(不同)이 일치하는(the unity in diversity) 풍부성을 말한다. 그것은 이성의 결합처럼 신비로운 것이다.

1. 그리스도의 일치성(7-10절)

은사는 분량의 차이는 있으나 같은 주님으로 말미암아 같은 목적 아래 주신다(롬 12:4-6; 고전 12:4-31). 이런 은사의 다양성은 하나의 몸을 이루는 각 지체인 성도들의 조화를 강화시키며, 교회가 하나 되게 하는 데 있다(Calvin). 8-10절은 '**성육신으로 이 땅에 내려오신 그리스도**'를 의미한다(Wood, Gnilka).

"**만물을 충만하게 하려 하심이라.**" 주님께서 하늘 위로 오르신 것은 성육신의 목적임을 시사한다. 그 목적은 만물을 충만케 하는 것이다. "**만물을 충만하게**"는 온 우주에 임재해 있으며 만물을 그의 주권 아래 두심을 뜻한다.

그리스도께서 온 우주를 통치하는 자가 되셔서 모든 존재들의 생명을 주관하시며, 영향력을 행사하신다(Bruce). 예수님의 고난의 십자가, 부활, 승천, 재림사건은 세상의 만물을 그리스도로 충만하게 하려는 데 있다. 우리는 주님께 일치해야 한다.

2. 교회의 일치성(11-12절)

여기에 직분과 직분자의 목적을 밝히고 있다.

첫째, '**사도**'는 하나님에 의해서 보냄을 받은 자로 교회를 설립하고 섬기는 자이다. 둘째, '**선지자**'는 하나님의 계시를 중재하며 죄를 책망하고(고전 14:24), 백성을 바로 세우는 자이다. 셋째, '**복음 전하는 자**'는 목사처럼 일정한 교회에 머물러 있지 않고 순회하며 전도하였다. 넷째, '**목사와 교사**'는 일정한 교회에서 종사한 직책이다. 이는 가르치고 양육하기 때문에 하나로 취급한다(Bengel).

그리고 직분을 세운 것은 첫째, 성도를 온전하게 하기 위해서이다. 부러진 뼈를 맞추거나, 그물을 수리할 때, 범죄자를 바로 잡을 때 사용하였다. 성도를 바르게 훈련시킴을 뜻한다. 둘째, 봉사의 일을 하게 하기 위해서이다. 각자가 봉사의 기능을 잘 감당할 수 있도록 사역을 도와 줌을 말한다. 셋째, 그리스도의 몸을 세우기 위해서이다. 그리스도의 몸인 교회를 바로 세워가는 것이 교회의 직분자, 모든 지체의 과제이다.

3. 성장의 일치성(13-16절)

"**그리스도의 장성한 분량이 충만한 데까지 이르리니.**" 이제 어린 아이가 되지 말고(14절), 사람의 속임수나 유혹에 빠지지 말고(14절), 모든 교훈의 풍조에 밀려 요동하지 말아야 한다(14절).
"**오직 사랑 안에서 참된 것을 하여.**" 이는 교회 성장의 수단을 의미한다. 이것은 교회가 구원의 복음을 선포하는 것을 시사한다(2:5).
"**장성한**"은 '**헬리키아스**' ($ἡλικίας$)로, 두 가지 의미로 사용한다. 첫째는 '**나이**'를 의미한다(요 9:21). 영적으로 성숙한 분량의 연령에 이름을 나타낸다. 둘째는 '**키**'를 의미한다(눅 19:3). 영적으로 자라난 다는 의미이다.

13절은 교회가 추구해야 할 목표(1:23)를 위해서 더욱더 그리스도의 속성과 능력을 채워가야 함을 말한다. "**범사에 그에게까지 자랄지라.**" '**범사에**'를 '**우주**'로 해석하여 "**주님을 통한 하나님의 말씀을 온 세계에 전하는 것**"(Meyer)이라고 했다.

버릴 것과 입을 것

에베소서 4장 17-24절

새로운 변신을 위해서는 묵은 것을 벗어야 한다. 미국 이민사회에서 격언처럼 쓰는 말이 **"성공적인 이민을 위해서는 한국에서의 명암(明暗)을 버려야 한다"**는 것이다.

사람은 늙을수록 **'버리는 예술'**을 터득해야 한다. 루터의 **"나는 거지이다"**라는 명언도, 은총을 받을 최선의 준비가 벗는 것에 있음을 나타내는 것이다.

클린턴 힐러리 여사는 대선후보로 나가기 위해서 안경도 벗고, 자기 성(姓)도 버리고, 머리띠도 벗고, 변호사의 이미지도 벗고, 따뜻한 주부상을 부각시켰다. 자연은 묵은 것을 벗고, 새로운 단장을 하는 것처럼, 우리의 영적 생활도 옛것은 벗고 새로운 옷을 입어야 한다.

1. 우상을 청산하라(17-20절)

"그 마음의 허망한 것." '허망'(마타이오테티, $\mu\alpha\tau\alpha\iota o\tau\eta\tau\iota$)은 신약에서 우상숭배와 관련된 단어로 사용되었다(Bruce).

이것은 하나님을 알지 못하고 하나님과 분리됨으로 무책임한 처신에 이르게 하는 **'쓸모없는 생각'**을 가리킨다(롬 1:21). 이제 우상을 섬기던 어두운 일을 벗어버려야 한다. 우상을 섬기면, 첫째, 총명이 어두워진다. 하나님을 밝히 아는 것이 총명이다. 둘째, 무지해진다. 호세아는 **"내 백성이 지식이 없으므로 망한다"** 라고 하였다(호 4:6). 셋째, 마음이 굳어진다. 양심의 가책을 느끼지 못한다는 말이다. 넷째, 하나님의 생명에서 떠난다. 이는 곧 심판과 저주인 사망을 의미한다. 다섯째, 감각 없는 자가 된다. 이는 영적으로 죽은 상태를 말한다.

여섯째, 자신을 방탕하게 한다. 마약에 빠지면 가치 기준이 달라지듯, 죄를 지으면 부끄러움을 모른다. 일곱째, 이기적으로 산다. 마음이 욕심으로 마비되는 상태를 의미한다.

2. 욕심을 버리라(21-22절)

과연 믿음이 무엇인가? 그리스도를 배운 대로 닮아가는 삶을 말한다(Lincoln). **"진리가 예수 안에."** 이제 바울은 그리스도에서 예수라는 칭호를 바꾼다. 이 칭호는 죽음에서 다시 부활하심으로써 자신이 하나님의 아들이며 세상의 구원자임을 보여준 역사적 사실을 암시한다(Bruce).

"유혹의 욕심을 따라." 점점 더 악화되어 가는 부패의 과정을 의미한다(Wood). 유혹(아파테스)는 진리의 말씀인 복음과 반대되는 개념으로 거짓교사의 교리를 나타낸다. **"옛사람을 벗어 버리고."** 그리스도를 알지 못하던 시대를 말한다(Calvin). 세상에서의 비극은 오직 욕심 때문이다(약 1:15).

사람이 욕심만 버리면 모두가 행복할 수 있다. 사람은 누구든지 물욕, 탐욕, 정욕, 권력, 명예욕으로 가득 차 있다. 주 안에서 하나 되기 위해서는 새 사람을 입는 데 방해되는 모든 요소를 벗어야 한다(골 3:5-10).

3. 새 사람을 입으라(23-24절)

"오직 너희의 심령이 새롭게 되어." 심령의 '프뉴마티' (πνευματι)를 성령이라고 주장하기도 한다(Gnilka). 그래서 본절을 '**성령에 의해서 너희 마음을 새롭게 하라**'고 해석하지만(Houlden), 그러나 심령은 인간의 영혼과 마음을 가리킨다(Lincoln).

우리의 마음은 성령에 의해 날마다 계속적으로 새로워져야 한다. "**하나님을 따라.**" '**하나님의 형상으로**' 라는 의미이다. 이는 하나님의 형상대로 재창조를 의미하는 말이다. "의와 진리의 거룩함으로." 문자적으로 '**진리로부터 나온 의와 거룩함 안에서**'를 말한다.

"의와 거룩함은 하나님의 형상대로 재창조함을 받는 새 사람의 윤리적 덕목이며 자질(資質)이다"(Lincoln). "새 사람을 입으라." 옛 사람과 대조되는 말이다. 새 사람은 문자적으로 '**갓 만들어진 사람**'을 의미하는 것으로, 하나님의 형상으로 재창조된 자의 합당한 삶을 영위해야 한다.

올바른 인간관계(1)

에베소서 4장 25-28절

심리치료의 대가인 칼 로저스 박사는 높은 인격의 네 가지 원칙을 말하였다.

"**첫째는 자기를 내세우지 않고 남을 인정하고 존중하는 사람이다. 둘째는 솔직하고 순수한 사람이다. 셋째는 그 사람의 마음, 그 사람의 입장을 헤아려 말하고 행동하는 사람이다. 넷째는 믿고 맡기는 사람이다. 그런데 이 네 가지 품격은 모두 온유에서 나온다.**" 세상을 살아가는 데 가장 중요한 요소는 인간관계임을 절실히 경험한다.

십계명은 대신(對神)관계, 대인(對人)관계를 말한다. "**그 이웃과 더불어.**" 서로 사랑하고 존경하며 이해할 뿐 아니라 이웃을 유익하게 하되 해롭게 하지 말아야 한다.

1. 거짓을 버리고 참된 것을 말하라(25절)

"**거짓을 버리고.**" 이웃과의 관계에 있어 첫 번째의 경계는 거짓을 버리는 것이다. 옛 사람의 특징 중 하나는 거짓이다(골 3:9). 거짓은 모든 종류의 부정과 속임수를 가리킨다. 이웃에 대해 항상 정직하고 진실할 때 좋은 관계를 맺을 수 있다. "**버리라**"는 부정과거형으로, 한 번 버림으로 영영 버리는 단호한 행동을 말한다.

"그 이웃과 더불어 참된 것을 말하라." 새 사람의 특징은 정직을 말하는 것이다. 이것은 스가랴 8장 16절의 인용으로 그리스도인은 상호간 친교할 때 솔직해야 함을 시시한다(Bruce). 여기의 **"말하라"** 는 현재형으로서 계속적으로 진실을 말하라는 뜻이다. 그 이유는 우리가 한 지체가 되었기 때문이다. 성도는 그리스도를 중심으로 서로 진실함으로써 조화(調和)를 이루어야 한다. 성도는 이웃을 유익하게 만들어줄 책임이 있다.

2. 분을 내어도 죄를 짓지 말라(26-27절)

"**분을 내어도 죄를 짓지 말라**"를 의역하면 "**분을 내어라. 그래도 죄를 짓지 말라**"이다. 야고보서 1장 19-20절에 "**듣기는 속히 하고 말하기는 더디 하며 성내기도 더디 하라 사람이 성내는 것이 하나님의 의를 이루지 못함이라**"고 했다. "**분을 내어도**" 죄를 짓지 말아야 한다. 성경에서 분노는 두 가지가 있는데, 의로운 분노와 불의한 분노이다. 예수님도 의분(義憤)을 내신 적이 있다(막 3:5; 요 2:13-17).

"**해가 지도록**"은 분을 처리하기 위한 시간 제한이다. 즉 시간 제한을 통해서 한밤중까지 분을 품지 않게 하여 죄에 빠지는 잘못을 막는 방법이었다(Lincoln). "**마귀로 틈을 타지 못하게 하라**." 본절은 앞 절에서 언급된 금지명령의 동기이다. 그리스도인은 마음에 마귀가 지배하기 전에 반드시 적당한 때에 풀어야 한다(Calvin). 마귀는 '**중상자**', '**고소자**', '**대적자**'이기 때문이다.

3. 도둑질하지 말고 선한 일을 하라(28절)

이것은 십계명 중 제8계명에 대한 언급이다(출 20:15). 도둑질은 이방인 사회에 보편적인 악덕이었으므로 그들이 회개한 후에도 이런 습관을 가질 수 있었다.

도둑은 좁은 의미로는 도둑질하는 자를 말하나, 넓은 뜻으로는 **'도둑적인 자'** 로서 남의 시간을 빼앗는 나태자를 가리킨다. 또는 부당한 착복이나 사람의 판단으로 정죄할 수 없는 사소한 것까지 포함한다(Calvin). 이는 성도가 마땅히 지켜야 할 가장 기본적인 윤리이다(막 10:19; 롬 13:9). 성도는 도둑질을 그치고 적극적으로 노동을 하여 빈궁한 타인을 도우라고 권면한다.

"자기 손으로 수고하여 선한 일을 하라." **"자기 손으로"** 는 정부 돈, 회사 돈, 교회 돈이 아니라 내 손으로 수고한 것을 가지고 구제하라고 한다. 하나님은 귀한 덕목으로, 언제나 주는 자에게 복을 더하여 주시겠다고 성경에서 보장하셨다(눅 6:38; 전 11:1).

올바른 인간관계(2)

에베소서 4장 29-32절

한경직 목사님은 **"목회는 사람이다"** 라고 하였다. 사람은 반드시 사랑을 먹고 살아야 한다. 사랑이 있어야 마음이 통한다.

'커뮤니케이션' (communication)은 **'교통'** 혹은 **'통신'** 이라는 라틴어인 **'커뮤너스'** (communus)에서 유래되었다. 직역하면 **'짐을 함께 진다'** 는 뜻이다. 사랑은 다른 사람을 하나로 묶을 수 있는 신비한 띠이다.

그래서 사랑이 무르익어 화음이 되고, 천국이 되고, 상처를 치료하고, 이웃을 가깝게 만든다. **"하나님은 사랑이심이라"** (요일 4:8)고 하였다. 사람은 하나님의 사랑을 받을 때에 비로소 사랑의 사람이 되며, 아름다운 유머(humor)로 좋은 관계가 성립이 됨을 명심해야 한다.

1. 덕(德)을 세우는 말을 하라(29-30절)

바울은 이웃에 대한 도덕적 원리(25절), 마음(26-27절), 행위(28절) 등의 문제를 다룬 후 이제는 말에 대한 교훈을 한다.

"더러운 말" 은 문자적으로 **'부패한'** 혹은 **'썩은'** 이란 의미로 단순히 좋지 않는 언어만 아니라 악의 있는 험담과 중상 혹은 모략을 나타낸다. 욕을 하고 흉을 보고 덕스럽지 못한 말을 하면 우리의 마음이 먼저 더러워진다. 그러므로 **'덕을 세우는 데 소용되는 대로 선한 말을 하여'** 라고 권면한다. 선한 말은 도덕적으로 건실하고 옳은 말로서 말을 잘 선별하여 사용하라는 뜻이다. 이런 선한 말을 하는 목적은 교회와 그리스도인 상호간에 건덕을 세우며(Vincent), 일상적 생활에서 은혜를 끼치기 위함이다(Bruce).

잠언에 **"경우에 합당한 말은 아로새긴 은쟁반에 금사과니라"**(잠 25:11)고 하였다. 사랑을 받으려면 말을 지혜(덕)롭게 해야 한다.

2. 비방하는 말을 하지 말라(31절)

인간관계에 있어서 비방은 무서운 악이다. 성령을 근심하게 하기 때문이다.

첫째는 악독이다. 이것은 과거에 대한 손해나 모욕에 대한 원한을 버리지 않고 마음속에 품고 화해하기를 거부하는 마음의 상태이다. 둘째는 노함과 분냄이다. 노함은 걷잡을 수 없이 타오르는 분노로 급격한 감정 폭발이며(고후 12:20), 분냄은 통렬한 악독의 적의가 자리를 잡아서 지속적 습관적으로 표현되는 것을 말한다(딤전 2:8). 셋째는 떠드는 것이다. 악한 덕목으로 분노를 자제하지 못하고 상대방을 무작정 욕하는 것을 의미한다. 넷째는 비방하는 것이다. 이것은 상대방을 비난하거나 모욕적인 언사를 사용하는 것을 가리킨다(막 7:22).

그래서 마지막에 **'버리라'** 고 하였다. 이는 문자적으로 **'깨끗이 쓸어 버리라'** 는 뜻이다(Wood). **"악행은 믿음을 철저하게 약화시킨**

다"(Adams).

3. 친절과 용서를 베풀어라(32절)

"**친절하게 하며.**" 친절은 하나님의 속성으로, 타인의 필요를 생각하고 관심을 가지는 아름다움을 말한다. "**불쌍히 여기며.**" 이는 타인의 필요에 공감하고 동정하는 것이다. 이것은 일방적인 것이 아니라 그리스도인 서로에게 표현해야 할 말이다.

"**서로 용서하기를.**" 그리스도인 상호간의 용서 자세는 반드시 사랑으로부터 출발해야 한다. 이 모두는 신자의 이웃관계에 있어서 결정적인 교훈이다. "**하나님이……용서하심과 같이.**" 부정과거형으로서 그리스도의 십자가를 통해 용서하신 역사적 사실을 지적한다.

오리겐은 "**용서는 남을 위해 하는 것이지만 자기 자신을 위한 것이다**"라고 지적하였다. 알포드는 "**하나님께서 너희 자신을 위해 한 번 하신 것처럼 한 몸으로 네 자신을 위해서 행하라**"고 했다. 우리는 주님의 용서받은 자로 모든 사람에게 용서로 나타나야 한다.

하나님의 뜻을 따르라

에베소서 5장 1-7절

에베소서 5장에서 바울은 교회를 세우기 위해 도덕성(道德性)을 논한다. 먼저 사랑으로 행하고(1-7절), 빛으로 행할 것을 권하고 있다(8-14절).

특별히 빛과 어둠, 순종과 불순종의 자녀를 대조시킴으로 새 사람의 삶이 어떤 것인가를 나타내고 있다. 그리고 주님의 뜻대로 살기 위해 성령 충만을 받으라고 권하고 있다(15-21절).

'오바마 터치' 라는 말이 등장했다. 오바마가 대화할 때 손을 많이 사용해서 효과를 더한다는 것이다. 상대방의 어깨를 치거나 등을 두드리거나 손을 잡는 등 말과 손을 겸용하는 것이 오바마 대화법이다. 주와 함께하는 사랑의 터치가 세상에 유행해야 한다.

1. 하나님을 본받으라(1-2절)

"사랑을 받는 자녀 같이", "그리스도께서 너희를 사랑하신 것 같이." 하나님을 본받을 근거를 보이고 있다. 하나님을 본받아야 할 적극적인 표현이다. 사랑을 받았으면 사랑을 베풀어야 한다.

"우리를 위하여 자신을 버리사 향기로운 제물과 희생제물로 하나

님께 드리셨느니라"는 성도의 본이신 주님의 사랑에 대한 구체적인 설명이다. 우리는 하나님의 용서를 경험한 자녀들이기 때문에(1:7), 주님을 본받아 살아야 한다(마 5:44-48; 벧전 2:21). 주님은 우리를 위하여 향기로운 제물과 희생제물이 되셨다. '**제물과 희생제물**'은 이사일의(二詞—意)로, 모든 종류의 희생제물을 뜻한다(Lincoln).

'**본받는 자**' (미매테스, μιμητης)란 혹은 사람을(고전 4:16), 혹은 교회를(살전 2:14), 혹은 일을(벧전 3:13) 본받는 자에게 사용하나, 본 절만이 하나님을 본받는 데 사용하고 있다.

2. 감사하는 자가 되라(3-5절)

이 부분은 하나님을 본받는 길의 소극적인 교훈이다.

본절에는 7가지 죄목이 기록되어 있다. 첫째, 음행이다. 합법적인 결혼 이외에 빚어지는 모든 성적 부도덕을 지칭한다(고전 5:1). 둘째, 더러운 것이다. 윤리적 종교적으로 추한 모든 행위를 가리킨다. 셋째는 탐욕이다. 자신의 이익만을 추구하는 것이다. 넷째, 우상숭배이다. 우상숭배는 하나님이 제일 싫어하시는 일이다(출 20:3-7). 다섯째는 누추함이다. 천하고 속되고 더러운 말을 가리킨다. 여섯째는 어리석은 말이다. 분별없이 나오는 좋지 못한 말이다. 일곱째는 희롱하는 말이다. 상스러운 농담이나 독설을 말한다(Calvin).

"**감사하는 말을 하라.**" 그리스도인의 최선의 언어 태도는 감사하는 말이다(Foulkes). 감사하는 말은 '**유카리스티아**' (ευχαριστια)로, 하나님의 은혜에 대해 감사하는 말을 의미한다(Lincoln).

3. 악한 이들과 동행(同行)하지 말라(6-7절)

앞선 7가지 죄악에 해당하는 자는 다 그리스도와 하나님의 나라에서 기업을 얻지 못한다고 했다(5절). **"누구든지 헛된 말로 너희를 속이지 못하게 하라."** 여기서 바울이 경고하는 대상은 성도들을 속이는 일반적인 거짓 교사를 말한다(Wood).

바울은 에베소 교인들에게 허망하게 미혹(迷惑)하는 자들의 속임수에 넘어가지 말고 가르침을 받은 진리 위에 굳게 설 것을 권면하고 있다. 하나님을 떠나 죄를 범하는 불순종의 자녀들에게 하나님의 진노가 현재와 미래에 임함을 시사한다(Barth).

"그들과 함께하는 자가 되지 말라." 앞절의 자연스러운 결론이다. 시편 1편 1절에 보면 **"오만한 자들의 자리에 앉지 말라"**고 했다. 진리는 조금이라도 빗나가면 끝은 엄청나게 멀어진다. 그들의 말을 따라가면 마땅히 그들과 함께 심판을 받게 된다는 깊은 교훈을 주고 있으므로 삼가 조심해야 한다.

주 안에서 살아가라

에베소서 5장 8-14절

성도는 사명감 없이 성전뜰만 밟아서는 안 된다.

우리는 이런 성도가 되지 말아야 한다. 첫째, 달구지 같은 신자이다. 끌거나 밀지 않으면 혼자서는 움직이지 못한다. 둘째, 연과 같은 신자이다. 하늘 높이 나는 것 같아도 끈 한 개만 끊기면 행방불명이 된다. 셋째, 고양이 같은 신자이다. 쓰다듬고 토닥거려 주어야만 만족한다. 넷째, 풋볼(football) 같은 신자이다. 미국식 축구의 공은 타원형이다. 어느 순간 어느 방향으로 튈지 예측불허이다. 다섯째, 크리스마스 트리 같은 신자이다. 계속 켜졌다 꺼졌다 깜박거린다.

우리는 범사에 주 안에서 주님의 뜻대로 살아야 한다. 즉 주님이 우리에게 무엇을 말씀하시든지 그대로 믿음으로 순종하며 살아야 한다.

1. 빛의 자녀처럼 행하라(8-9절)

이제 금석(今昔)의 대조이다. 단순히 어둠에 거하는 자나 빛에 비침을 받는 자가 아니라 어둠과 빛으로 대조한다. 천국은 빛의 나라이며(계 21:23-25), 지옥은 어둠의 나라이다(마 25:30).

우리는 과거 허물과 죄로 죽었고(2:1), 공중의 권세잡은 자를 따랐다(2:2). 이제 자녀가 되었으니, **"사랑 가운데서 행하라"**(1-7절)고 하시며, **"빛의 자녀들처럼 행하라"**(8-14절)고 하신다. 이는 하나님의 자녀답게 살아가라는 명령이다.

"빛의 열매는 모든 착함과 의로움과 진실함에 있느니라." 변화된 삶의 열매는 세 가지이다. 첫째는 착함이다. 이는 관대한 정신으로 온유하고 도덕적인 성품을 의미한다(Wood). 둘째는 의로움이다. 하나님과 사람에게 대한 공정하고 올바른 행위를 말한다. 셋째는 진실함이다. 말과 행위에 있어서 순수하고 정직함을 뜻한다.

2. 주를 기쁘시게 하라(10절)

"주를 기쁘시게 할 것이 무엇인가." 성도가 주를 기쁘시게 하기 위해서 구체적으로 어떻게 살아가야 되는지를 알아보라는 뜻이다(Hendricksen). 길을 걷는 사람은 그 길을 분별해야 하는 것처럼, 새 사람의 생활에서 분별해야 할 것은 주님께 기쁘시게 할 것이 무엇인가를 판독하는 것이다.

"사람의 제일 되는 목적은 하나님을 영화롭게 하고 영원토록 그를 즐거워하는 것이다"(요리문답 제1문). 주님을 기쁘시게 하는 것은 주만 경배하고 그의 말씀을 믿고 순종하는 행위이다(박희민).
"시험하여 보라." 이는 헬라어 '**도키마존테스**'(δοχιμαζοντες)로 금속의 질을 판명할 때 쓰이는 단어이며, 실험을 통해 무엇을 '**실증하다**', '**규명하다**'라는 의미이다(호크마). 성도는 하나님의 선하시고 온전하신 뜻을 분별해서 자신들의 모든 행위가 주의 선하신 뜻에 일치하도록 노력해야 한다(롬 12:2).

3. 죄인들을 바로 세우라(11-14절)

빛의 자녀는 빛의 열매를 맺되 어둠에 참여하지 말아야 한다. 왜냐하면 죄악에 빠질 가능성이 있기 때문이다. 심지어 죄인들을 "**책망하라**"고 경고한다. '**책망하라**'의 헬라어 '**엘렝케테**'($\dot{\epsilon}\lambda\acute{\epsilon}\gamma\chi\epsilon\tau\epsilon$)는 '**납득시키다**', '**꾸짖다**'라는 의미인데, 이는 죄인을 바로 세우라는 뜻이다.

그러면 책망하는 방법이 무엇일까? 첫째 말로써가 아니라 생활을 통하여(Stier), 둘째 말과 생활을 통하여(Olshausen), 셋째 모든 방법을 통하여 저들을 책망해야 한다(Meyer, Eadie). 이는 각자가 은사를 받은 대로 선택할 수 있다(이상근). 빛(주님) 앞에 숨길 것은 아무것도 없다. 만물이 다 벌거벗은 것같이 드러나기 때문이다(고후 5:10).

"**잠자는 자**"는 도덕적 감각이 없는 자이며 "**죽은 자**"는 하나님과 분리되어 영성이 죽은 자(2:1, 5; 마 8:22)이다. 기독교의 윤리는 그의 계시를 떠나서는 있을 수가 없다(Westcott). 그들 중 몇몇이 거짓 선지자들의 유혹에 넘어가지 말 것을 권고하고 있다.

말씀에 복종하며 살아라

에베소서 5장 15-21절

미국의 역사학자 리처드 모리슨 교수는 미국 건국의 7대 인물을 다음과 같이 꼽았다.

프랭클린, 워싱턴, 애덤스, 제퍼슨, 매디슨, 제이, 해밀턴이다. 이들의 두 가지 공통점은 높은 도덕성과 인권운동에 헌신한 사람이었다는 것이다. 그들은 바른 표준을 가지고 바르게 살았고, 남을 존중하는 대인관계, 즉 인간의 생명과 자유를 존중하는 사람이었다.

루터는 〈**심판의 비유**〉(마 25장)를 읽고 "**이웃 한 사람 한 사람이 작은 예수임을 깨달았다**"고 하였다. 모든 사람은 주 안에서 동등하다. 성도는 직책을 떠나서 서로 사랑하고 서로 복종하는 아름다운 인간관계를 형성해야 한다. 섬기는 자가 멋진 성도가 된다.

1. 주님의 뜻을 이해하라(15-17절)

"**주의하여**"($\beta\lambda\epsilon\pi\omega$)는 문자적으로 '**본다**'는 뜻인데 '어떻게 행할지를 주의깊게 살피라'로 해석된다(KJV). "**지혜 없는 자**"는 '**아스포이**'($\check{\alpha}\sigma o \phi o\iota$)로 '**어리석은 자**'를 말한다(Blaikie).

"**세월을 아끼라**"에서 '**아끼라**'는 '**도로 사다**', '**속량하다**'라는 의미이다. 세월에 해당되는 '**카이론**'($\chi\alpha\iota\rho\acute{o}\nu$)은 '**금방 지나가 버리는**

특별한 기회'를 말한다. "**때가 악하니라**"는 세월이 짧으므로 근면하여 세월을 절약하라는 뜻이다.

"**주의 뜻이 무엇인가 이해하라.**" 이것이 하나님을 본받는 길이며, 천국시민의 자격이다. 소극적으로는 어리석은 자가 되지 말고 적극적으로는 주님의 뜻을 이해하는 자가 되라는 것이다(Calvin).

"**이해하라**"는 '어떤 것에 마음을 기울여 파악하다', '노력을 쏟다' 라는 의미이다. 이 악한 세상을 살면서 주님의 뜻을 분별하여 빛의 열매를 맺어야 한다(롬 12:2).

2. 성령으로 충만하라(18절)

"**술 취하지 말라 이는 방탕한 것이니.**" 지혜 있는 자의 생활의 요소로서, 첫째 시간의 절약을 권면한 후(16절), 둘째 육적인 절제를 말한다. 그 구체적인 예로 잠언 23장 29-35절을 묵상하면 좋다(창 9:20-27, 노아의 자녀들).

술에 취하면 무절제하여 방탕하게 되고 실수하게 된다. 술 취함의 현상을 잘 나타내주는 단어로 고대 헬라 세계에서는 방종, 혹은 물질과 육욕(肉慾)의 무절제한 낭비를 의미했다(Wood).

"**오직 성령으로 충만함을 받으라.**" '성령의 충만'은 현재 수동태 명령형이다. 첫째, 현재 시제는 성령 충만이 1회적으로 끝나는 것이 아니라 계속적으로 채워야 함을 의미한다(Lincoln). 둘째, 수동태는 성령충만이 인위적 체험이 아니라 성령에 의해 체험됨을 의미한다

(Wood). 셋째, 명령형은 성령충만이 제한적인 것이 아니라 모든 성도를 향한 것임을 시사한다(Wood). 성도는 성령충만을 받아야 그 능력을 가지고 주님의 일을 훌륭하게 감당할 수 있는 것이다.

3. 찬양하며 감사하라(19-21절)

본문에 보면 '**시, 찬송, 신령한 노래, 감사, 경외**'라는 단어들이 쏟아져 나온다. 여기서 바울은 찬양의 종류를 세 가지로 언급한다.

첫째는 시(詩)이다. 구약성경 시편뿐 아니라 시편이 가지고 있던 정신과 그 형태를 간직한 일반적인 찬양 노래들을 가리킨다(눅 1:46-55, 68-79; 행 1:20, 13:33). 둘째, 찬송이다. 이는 초대교회에서는 당시에 교회 내에서 작성되기 시작한 삼위 하나님에 대한 영광송(doxology)을 가리킨다. 셋째는 신령한 노래이다. 이는 세속적인 노래와는 달리 성령의 영감에 의해 만들어지고 불린 찬송을 가리킨다. 찬양(讚揚)은 삶을 윤택하게 하는 절대 능력이 된다.

21절에 **"피차 복종하라"**고 했다. 그리스도를 경외하는 것과 사람에 대한 복종, 또는 겸손은 불가분의 원인과 결과이다(이상근). 피차 복종하려면 상대를 존중(이해)하고 자기를 낮추고 겸손과 사랑이 있어야 한다. 서로 섬기면 가정도 교회도 직장도 나라도 행복해진다.

성도의 부부생활
에베소서 5장 22-25절

지금까지 기독교의 윤리와 일반적 원리를 논한 후, 이제는 가정에 관한 특수윤리를 말한다. 부부윤리(22-33절), 친자윤리(6:1-4), 주종관계(6:5-9)에 대한 권면을 한다. 그 모든 관계의 공통되는 윤리는 복종(服從)이다.

가정윤리에 있어 첫째 권면은 부부관계이다. 이 부분은 골로새서 3장 18절부터 4장 1절까지 병행하고 베드로도 이런 교훈을 주었다(벧전 3:1-7). 본서에 있어서 부부윤리는 교리적인 의의를 동반함으로 가장 엄숙하게 취급되고 있다.

즉 남편과 아내의 관계는 주님과 교회와의 관계에 비유됨으로써 주님과 가정의 신비가 고조되고, 하나님의 우주적 경륜에 결부시킴으로써 그 심원(深遠)의 범위를 밝힌다.

1. 부부란 무엇인가?

가정제도는 지구상의 어떤 제도보다도 가장 신성한 제도이다.

가정은 인류사회의 기본단위이다. 아담은 하와를 보고, **"이는 내 뼈 중의 뼈요 살 중의 살이라"**(창 2:23)고 했는데, 부부는 서로 사랑하며 행복하게 살아야 할 책임이 있다. 부부 사이에 **'복종과 사랑의 원**

리'가 잘 실현될 때 행복하고 좋은 부부가 된다. 현대사회에 핵무기, 식량난, 인종간, 종교간 갈등, 환경문제보다 더 심각한 것은 가정이 병들어 무너지는 것이다.

행복하기 위한 방법을 영어 알파벳 ABCDE로 표현할 수 있다. A는 Accept로 상대방을 그대로 받아들이는 것이다(사랑). B는 Believe로 하나님을 잘 믿어야 한다는 것이다. C는 Caring으로 서로 돌보는 것을 말한다. D는 Desire로 기대감을 갖고 그것을 이루기 위해 노력하는 것이다. E는 Erase로 나쁜 것을 지우는 것을 말한다.

2. 남편에게 복종하라(22-24절)

"**아내들이여 자기 남편에게 복종하기를 주께 하듯 하라.**" 본문은 아내와 남편에게 공동적인 권면으로 나타난다. 아내는 남편에게 복종해야 한다. 불신자도 천정배필(天定配匹), 즉 부부의 배후자는 하늘이 정해 주신 것이라고 말한다.

'**복종**' 이란 '**휘파코에**' (ὑπακοη)로 '**자원해서 맡기다**' 라는 뜻이다. 주님께 하듯이 복종하라고 강하게 권고한다. 가정의 질서도 주를 믿는 믿음 안에서 상호 존중하고 복종하는 가운데 신실해야 한다는 교훈이다(크로스). 이는 사랑과 의존, 그리고 권위와 복종의 깊은 영적 관계에서 이해해야 할 용어이다(Foulkes).

"**교회가 그리스도에게 하듯 아내들도 범사에 자기 남편에게 복종할지니라.**" 이것은 남편이 그리스도의 위치에 있는 특수성 때문이다(Ellicott). 이는 종속적인 의미가 아니라 하나님의 질서에 대한 순응

(順應)이기 때문이다(고전 11:3-12).

3. 아내를 사랑하라(25절)

"**남편들아 아내 사랑하기를 그리스도께서 교회를 사랑하시고 그 교회를 위하여 자신을 주심 같이 하라.**" 남편에 대한 아내의 의무가 복종이라면 아내에 대한 남편의 의무는 사랑이다. 복종보다 사랑하는 것이 더 어렵다.

'**사랑하라**' 의 '**아가파테**' ($ἀγαπᾶτε$)는 주님의 사랑을 말하는 것으로, 비이기적 무조건적 희생적으로, 어떤 상황이든지 언제나 아내를 사랑해야 한다는 뜻이다.

부부에 관한 이런 말이 있다. 10대는 꿈속에서 살고, 20대는 신이 나서 살고, 30대는 환멸을 느끼고 살고, 40대는 체념하며 살고, 50대는 가엾어서 살고, 60대는 없어서는 안 돼서 살고, 70대는 고마워서 산다고 한다.

부부는 절대로 분방하거나 이혼해서는 안 되고, 서로 복종하고 사랑하며 살아야 한다. 주님이 교회를 사랑함같이 전적으로 아내를 사랑해야 한다. 실로 희생은 그리스도의 사랑이다.

행복한 부부의 비결

에베소서 5장 26-33절

우리나라에서 하루에 결혼하는 가정이 855쌍이고, 이혼하는 가정은 341쌍이라고 발표를 하였다. 지난해 이혼한 부부 가운데 자녀가 없는 경우는 5만 5082쌍으로 전체의 44.6%였다고 한다. 이혼 부부의 결혼생활 기간은 4년 이하가 3만 3718건(27.2%)으로 가장 많았다고 한다(국민일보).

오스카 와일드는 "**애정 없는 결혼은 비극이다. 그러나 그보다 더 나쁜 것은 서로 협조적인 사람이 되지 못하고 각기 다른 생각을 하는 부부이다**"라고 했다.

행복한 부부는 사랑 안에서 하나 되고 화목한 가정이 되도록 힘써야 한다. 사랑이 유지되어야만 행복한 가정이 될 수가 있다. 본문은 흠 없는 부부가 될 것을 권면하고 있다.

1. 영광스러운 부부(26-27절)

본문은 남편의 아내 사랑에 대해 세심한 설명을 한다. 거룩은 '**하기아세**' (άγιαση)로 '**분리하다**' 라는 뜻이다. 세상과 다른 깨끗함과 거룩함은 동시적으로 일어난다(Wood).

"**자기 앞에 영광스러운 교회로 세우사.**" 주님이 자신을 십자가에서 희생하신 목적은 교회를 그리스도의 신부로서 맞이하기 위함이다. 신랑이신 그리스도 앞에 세우심을 받는 신부는 '**영광스러운 교회**'이다. 교회는 하나님의 영광이 풍성한 기업이며(1:18), 하나님의 영광이 드러나서 모든 사람이 하나님의 영광을 알 수 있는 곳이다(3:21).

신부는 티(도덕적 흠)나 주름 잡힌 것이나(외관상의 불미한 일) 흠이 없고 깨끗해야 한다. 그리스도와 교회와의 관계는 신비한 것이다. 그러므로 부부는 그만큼 사랑하고 희생하고 노력해야 한다. 주님이 교회를 영광스럽게 만드는 것처럼 말이다.

2. 서로 보호하는 부부(28-30절)

"**자기 아내 사랑하기를 자기 자신과 같이 할지니.**" 주님이 교회를 위해 자신의 몸을 희생하시기까지 사랑하신 것처럼, 남편은 자신의 몸과 같이 아내를 사랑해야 한다. 남편은 자신의 몸에 필요를 충족시키는 것처럼, 아내를 사랑하며 아내의 성숙과 발전을 위해 모든 것을 채워주고 돌보아 주어야 한다. 남편과 아내는 둘이 연합하여 한 몸을 이루기 때문에, 남편이 자기 아내를 사랑하는 것은 꼭 자기를 사랑하는 것이다(Bruce).

"**양육하여 보호하기를.**" 이는 문자적으로 '**성숙하기까지 따뜻하게 감싼다**'(Wood)는 것으로, 사람은 누구나 자기 몸을 정성을 다하여 가꾸며 보호하여 성숙하게 자라날 수 있도록 관리해야 한다. 성경은 성도를 보호하고 지키며 인도한다는 보장을 주신다. 그리스도인들은 주님의 몸된 교회를 이루는 지체이기 때문이다.

3. 서로 돕는 부부(31-33절)

"**사람이 부모를 떠나 그의 아내와 합하여 그 둘이 한 육체가 될지니**"는 창세기 2장 24절의 인용으로서 하나님께서 계획하시고 이루신 결혼의 신비를 나타낸다(Foulkes).

'**합하여**'로 번역된 '**프로스콜레데세타이**'는 문자적으로 '**붙다**', '**결합**'을 뜻한다. 이는 성, 생각과 말, 행동 전체를 말한다. 결혼은 신비로운 관계이다. 어떻게 그렇게 본드로 밀착한 듯 사랑하며 한평생을 살아갈 수 있는지 놀랍고 신비스러운 사건이다. 그래서 바울은 "**이 비밀이 크도다**"라고 외쳤다. 결혼은 사람의 말로 설명할 수 없는 사건이다.

부부사랑의 결론적 권면은 사랑과 존경이다. 바울은 다시금 남편은 아내를 사랑하고, 아내는 남편을 존경하라고 권하고 있다. 여기서 "**존경하라**"(포베타이, $\phi o \beta \eta \tau \alpha \iota$)는 아내가 남편을 대할 때 그리스도를 경외하는 마음으로 복종하며 의무를 다해야 함을 의미한다.

부모와 자녀의 윤리

에베소서 6장 1-4절

유대인들은 자녀교육에서 칭찬의 중요성을 강조한다. 칭찬만큼 좋은 교육방법이 없다는 것이다. 실제로 많은 유대인들이 어린시절의 칭찬을 성공요인 중 하나로 거론한다. 칭찬의 효과는 강한 의욕을 불러, 비전을 주고 때로는 인생을 바꾸기도 한다.

본문은 부모와 자녀의 윤리를 교훈한다. 교회는 양자가 다 구비되어야 한다. 이 부분은 골로새서 3장 20-21절과 병행하면서도 본문이 더욱 상세하다.

이 교훈은 자녀의 순종과 부모가 자녀를 신앙으로 기르는 것이 본문의 골자이다. 가정의 행복은 부모에게 순종하고 또 공경하며, 자녀를 믿음으로 잘 양육할 때 자연스럽게 나타나는 하나님의 축복이다.

1. 부모에게 순종하라(1절)

"주 안에서……순종하라." 이는 순종의 범위로 **"주 안에서"** 라는 무한정의 순종을 가리킨다. 즉 이교도의 부모가 아니라 그리스도인 부모를 전제로 한다(Gnilka). 순종은 '**언제나 부모의 말씀에 마음의 준비를 갖추어 따른다**' 는 뜻이다.

그러나 공경은 '**몸가짐을 공손히 하고 존경하는 태도**' 를 말한다.

공경은 순종 이상의 미덕이며, 부모에 대한 순종의 기초가 된다(이상근). 원어의 의미는 부모의 명예를 높이라는 뜻이다(김의환).

"**이것이 옳으니라.**" 이는 율법이나 성경에 비추어서(Calvin), 부자관계의 본성에 비추어서(Vincent), 자녀라는 이름 자체에 비추어서(Eadie) 부모에 대한 자녀의 효(孝)는 정당한 도리이다.

주님도 십자가 위에서 지극한 효성을 보이셨다(요 19:26-27). "**어려서 경로(敬老)하지 않는 자는 장성하면 하나님이 없다고 부인한다**"(山室)고 했다.

2. 효도자가 받는 복(2-3절)

"**약속이 있는 첫 계명**"은 첫째를 '으뜸되는' 축복의 약속으로 본다(Westein). 제5계명은 직접적인 축복의 약속을 동반하고 있다. 여기서 잘되고 장수한다는 것은 하나님의 축복을 말한다. 당대뿐만 아니라 후대들이 번영하고 축복받을 것을 말한다.

제2계명에는 "**나를 사랑하고 내 계명을 지키는 자에게는 천 대까지 은혜를 베푸느니라**"고 하셨다.

카네기는 너무 가난하여 부모를 편안하게 해드린 후 결혼하리라 마음먹고 30년간 열심히 노력하고 성공하여 부모님께 효도한 후 52세에 결혼하였다. 자연의 질서는 부모공경에서 시작된다.

부모를 공경하면 "**네가 잘되고 땅에서 장수하리라**"고 했다. 바울은 "**여호와가 네게 준 땅에서 네 생명이 길리라**"(출 20:12)는 말씀을 "**네가 잘되고 땅에서 잘되고 장수하리라**"고 한다. 하여튼 장수의 복에 잘됨(잘되는 환경의 복)이 첨가되어야 한다. 자녀는 부모에게 순종함으로써 땅에서 진정한 행복을 누리게 된다(Mitton).

3. 자녀를 주의 교훈으로 양육하라(4절)

1-2절에는 부모라고 기술하고, 4절에는 아버지만을 언급한다. 이는 아버지가 가정의 대표이며, 자녀교육의 책임자임을 시사한다(Hendricksen). 부모는 자녀를 분노케 하는 태도나 말, 행동을 자제하여야 함을 교훈한다.

부모는 자녀들에게 정도 이상의 엄격한 훈련, 비합리적 요구, 권위의 남용 등을 자제하고, 자녀의 관점에서 생각하고 이해하여 자녀의 실제적인 행복에 관심을 가져야 한다. 교훈이란 교육을 뜻한다. 신약에서는 이를 훈계(4절)나 교훈(딤후 3:16), 징계(히 12:5-6) 등으로 사용하였다.

결론적으로 이는 '**심신의 발달을 위한 행위적 훈련**'이다. 훈계는 '**마음을 둔다**'는 뜻으로 '**말을 통한 교정**'을 말한다. 부모는 누구든지 이런 교훈과 훈계를 통해 성도다운 행동양식을 가르쳐서 자녀들이 오직 주 안에서 성숙할 수 있도록 가르칠 책임이 있다.

그리스도인의 사회관

에베소서 6장 5-9절

본문은 부부간, 친자간의 윤리에 이어 주종간의 윤리를 논한다. 골로새서 3장 22절부터 4장 1절에서도 같은 교훈을 볼 수 있다. 오늘의 기업은 노사간의 많은 갈등들이 있다.

본문의 대의는 종에 대하여 주께 하듯 주인에게 순종하라는 것과 주인들은 하늘의 상전이 있는 것을 알고 종에게 가혹하게 하지 말라는 것이다.

미국에 '**거북 그리스도인**' 이라는 말이 있다고 한다. 음식을 먹지 않고 생존할 수 있는 기간이 새는 9일, 사람은 20일, 개는 25일, 거북은 500일, 뱀은 800일이다. 그래서 하나님의 말씀인 성경을 읽지 않고 사는 성도를 '**거북 그리스도인**' 이라고 한다. 우리 인생은 짧은 인생임을 알아야 한다.

1. 성실한 마음으로 일하라(5-6절)

"**두려워하고 떨며 성실한 마음으로 육체의 상전에게.**" 이 세 가지 경우에 일관하는 윤리는 〈**순종**〉이다. "**순종은 그리스도교 윤리의 기본 미덕이다**"(이상근).

이 순종은 부부의 경우에는 동등(同等), 일신(一身)의 입장에서 순종이고, 친자의 경우는 존속(尊屬)의 입장에서 순종이며, 그리고 노예의 경우에는 주종(主從)의 입장에서 순종이다.

"두려워하고 떨며" 는 의무를 수행하려는 진실한 태도를 나타낸다. 또는 실수하지 않으려고 애쓰는 모습이다(Scott). **"성실한 마음으로"** 는 두 마음을 품지 말고 오직 한마음으로 섬기라는 것이다(Wood). 육체의 상전을 속일 수 있어도 사람의 내면을 꿰뚫어 보시는 주님을 속일 수는 없다.

목회자들이 주님과 교회에 온전히 봉사하는 것처럼, 온전히 순종하여 하나님의 뜻을 행하듯이 눈가림을 하지 말고 육체의 상전을 전심으로 섬겨야 한다(Mitton).

2. 기쁜 마음으로 일하라(7-8절)

"기쁜 마음으로 섬기기를 주께 하듯 하고." 종들은 외모를 보고 판단하는 사람들의 마음에 들기 위해서 위선적으로 충성하든가 혹은 시킬 때까지 기다릴 것이 아니라 신전의식(神前意識)을 가지고 온전히 자원하는 마음으로 섬겨야 한다(Bruce).

사람을 섬길 때 주를 섬기는 마음으로, 즉 사람을 통해서 주님께 봉사함에 그리스도교의 윤리가 있다(골 3:23-24). **"말로나 행동으로나 너희 하는 모든 일을 그리스도의 이름으로 하라"**(Olshausen). **"하녀가 방 하나를 소개할 때도 그는 하나님의 일을 할 수 있다"**(Luther).

"기쁜 마음으로" 는 '하나의 마음으로' 라는 뜻이다. 자신이 감사하여 기쁜 마음으로 일할 때 주인의 마음을 즐겁게 하는 것이다. **"청지기가 그 지위를 지키려면 마땅히 기쁜 마음으로 일해야 한다"(Bengel). 눈가림으로 하면 안 된다. 그리스도인은 무슨 일을 하든지 늘 감사, 늘 은혜, 늘 기쁜 마음으로 일해야 한다.

3. 사람을 존중하라(9절)

지금까지는 종들에 대한 권면이지만, 이제는 주인에게 권면한다. 하나님의 교훈은 언제나 양면적(兩面的)이다. 노동자의 길도 어렵지만, 사용자의 길이 더 어려우므로 그것을 인정해 주어야 한다.

"이와 같이 하고." 종이 행했던 것처럼 동일하게 상전도 그대로 행해야 함을 의미한다. 이것은 종과 상전이 상호관계에서 주 안에서 모두 하나이며 동등하기 때문이다. 상전들은 자신들이 소유한 재물이나 사회적 지위나 권력을 악용해서 종들을 위협해서는 안 된다.

주인이 고용자들을 잘 대해야 하는 이유는 첫째, 하늘에 하나님이 계시기 때문이다. 어떤 신분이든지 우리는 반드시 하나님 앞에 서야 한다. 둘째, 하나님은 우리의 중심을 보고 심판하신다. 이것은 하나님이 전혀 외모로 취하지 않으심을 지적하고, 사용자들에게 자만에 빠지지 않고 경각심을 갖도록 권면하고 있다.

그리스도인의 무장

에베소서 6장 10-17절

본서의 후반을 차지한 실천편에 있어서 그리스도인 생활의 각 분야에 대해 권면한 후, 마지막으로 영적 전쟁을 논한다. 영적 전쟁을 위하여 모든 무장을 철저히 구비하여 전지(戰地)에 나갈 준비 태세를 갖추라는 것이다.

성경에 성도의 전쟁을, 심중에 일어나는 영육간의 전쟁(갈 5:17; 롬 7:23), 이단과의 전쟁(유 1:3), 사회악과의 전쟁(약 5:1-6)이 있지만, 본문은 하늘에 있는 악령인 사단을 상대하는 것이다. 교리편에 있어 그리스도의 몸으로서의 교회의 우주적 성격을 논한 것처럼, 이 실천편의 무대도 우주적으로 확대되어 있다.

성도의 싸움은 단순한 것이 아니라 영육혼의 싸움인 것이다.

1. 주 안에서 강건하라(10-11절)

"주 안에서와 그 힘의 능력으로 강건하여지고." 전투자는 무엇보다도 강건해야 한다. 그리고 그리스도인의 힘은 오직 주 안에 있다. 주님은 온갖 능력의 근원이 된다. 주 안에서 날마다 순간마다 경험하는 영적인 강건을 시사한다.

바울은 영적 건강의 두 가지 방법을 제시한다. 첫째 주 안에서 이다. 이것은 그리스도와의 연합을 의미한다. 하나 되면 주께서 주시는 은혜에 의하여 그 뜻에 순종함으로 건강해질 수 있다(Foulkes). 둘째, 그 힘의 능력이다. 하나님께서 주님을 부활시키셔서 우리를 죄와 죽음의 속박에서 구원하시고(1:19-2:10) 성령을 통해서 강건하게 하신다(3:16).

육체가 건강하면 병이 침범하지 못한다. 영적으로 건강하면 마귀가 침범하지 못하고, 아무리 마귀가 날뛰어도 두려움이 없는 것이다. 우리는 신앙으로, 영적으로 건강해야 한다.

2. 주 안에 서라(12-13절)

성도는 마귀의 수많은 유혹과 공격에 담대히 맞서서 대항해야 한다. 싸움의 대상은 누구인가?

첫째, 통치자들과 권세자이다. 이것은 로마 권력자를 비롯한 그리스도인을 핍박하는 악한 영의 세력을 의미한다(1:21; 골 2:15). 둘째, 어둠의 세상 주관자들이다. 이는 불신앙의 세상 주관자의 뜻으로 역시 악마를 가리킨다. 셋째, 하늘에 있는 악의 영들이다. 이는 복수요, 집합적 단체로 마귀의 많은 부하들을 가리킨다(막 5:9). 즉 초자연적인 악한 영역의 존재들임을 시사한다(Mitton).

성도는 심판날에 주님 앞에 서기 위해 하나님의 전신갑주를 입어야 한다. '**전신갑주**' 란 군인이 방어와 공격을 할 수 있는 모든 장비를 총체적으로 표현한 것이다. 우리의 싸움은 마귀의 간계를 대적하는 것이다. 간계는 '**간사한 유혹**' 을 말한다(4:14).

하늘은 하나님이 계시는 곳이 아니라 공중을 뜻한다. 우리는 믿음을 보존하기 위해 마귀와의 싸움에서 이겨야 한다.

3. 말씀으로 무장하라(14-17절)

우리는 로마 군인들처럼 육적인 무장이 아니라 영적으로 철저하게 무장해야 한다. 어떻게 무장해야 하는가?

첫째, 진리로 허리띠를 매야 한다. 당시 의복은 발목까지 내려오는 긴 옷이므로 붙들어 매야 했다. 둘째, 의의 호심경을 붙여야 한다. 호심경은 목에서 허벅다리까지 가리는 것으로, 가슴과 폐를 보호하는 것이다. 셋째, 평안한 복음의 신을 신어야 한다. **"이것은 복음으로 말미암은 변론과 복음이 주는 방법을 가리키는 준비된 마음을 가리킨다**"(Meyer). 넷째, 믿음의 방패를 가져야 한다. 방패는 타원형처럼 적으로부터 몸을 보호하는 무기를 말한다. 믿음은 그리스도의 능력을 의지하는 온전한 신뢰를 의미한다(Foulkes). 다섯째, 구원의 투구를 써야 한다. 투구는 구원의 소망을 나타낸다.

여섯째, 성령의 검(하나님의 말씀)을 가져야 한다. 전신갑주 중에서 유일한 무기는 성령의 검이다. 성령의 검은 하나님의 말씀이며 이는 성령에 의해 주어진다.

최종 승리의 비결

에베소서 6장 18-20절

이제 바울은 그리스도인의 무장을 말한 후 최종 승리의 비결을 논한다.

샌프란시스코의 스탠포드 호텔은 방마다 성경을 놓아 두었는데 15년간 한 권도 가져간 사람이 없었지만, 영어사전을 놓아 두었더니 한 달 사이에 14권이 없어졌다고 한다. 이에 사람들이 하나님의 말씀에는 관심이 없고, 사전에는 관심이 많다고 한탄하였다고 한다.

말씀에는 태초로부터 있는 생명 자체요(요일 1:1), 권세가 있고(눅 4:32), 운동력이 있으며(히 4:12), 믿음이란 들음에서 난다(롬 10:17)고 하였으니, 성도는 때를 가리지 않고 고난 속에 기도하고 하나님의 말씀을 맡은 자이다. 하나님의 말씀을 전할 책임이 있다.

1. 기도의 생활(18절)

"항상 성령 안에서 기도하고." 성령의 능력 안에서 성령의 도우심으로 주님께 기도하는 것을 말한다(Kent). **"항상"** 이라는 말은 **'모든 시간에'** 라는 말로, 언제나 모든 일에 성도는 기도해야 한다는 뜻이다(살전 5:17).

기도를 어떻게 해야 하는가? 첫째 간절(懇切)히 해야 한다. 어떤

분은 **"간절히"**를 간이 절이도록 하는 기도라고 말한다. 예수님의 겟세마네 동산의 기도처럼, 한 가지 목적을 두고 깊이 기도해야 한다. 둘째 성령 안에서 기도해야 한다. 이것은 성령의 감동으로 기록된 성경대로 기도해야 한다. 성령의 계시는 성경의 말씀을 넘어서지 않는 것을 말한다.

셋째, 기도에는 여러 가지 방법이 있다. 그것은 감사와 헌신, 죄의 고백, 송영의 기도, 청원의 기도, 중보의 기도가 있다. 또 기도하는 자세도 여러 가지가 있으므로 믿음으로 자유롭게 할 수가 있다.

2. 전도의 생활(19절)

에베소 교인들에게 부탁한 바울의 기도의 제목은 복음의 비밀을 담대히 전할 수 있도록 하는 것이다.

'비밀'은 복음과 동일하며 이것은 특별히 교회 안에서 유대인과 이방인 사이의 화해와 관련된 것으로, 본서에서 **"너희의 구원의 복음"**(1:13), **"평안의 복음"**(6:15)으로도 언급된다. 또 비밀은 골로새서 4장 3절에 보면 **'전도할 문을 열어 주시기 위한'** 기도를 부탁하였으나, 본문에는 **'복음의 비밀을 담대히 알리기'** 위한 기도를 부탁한다.

전도는 주님의 지상명령이므로(마 28:18-20), 성도는 기회가 주어지는 대로 언제나 주님의 복음을 전해야 한다. 주님은 전도하는 자에게 모든 소원을 만족하게 하시겠다고 보장하셨다(마 6:33).

"담대히"는 **'말의 자유'**(행 4:13)를 뜻하였으나, **'말의 솔직성 또는 간결성'**(요 8:32), 그리고 **'말의 대담성'**(빌 1:20)으로 발전하였다

(이상근). 우리가 담대하게 오직 하나님의 말씀을 모든 사람에게 전하면 승리할 수 있다.

3. 고난의 생활(20절)

"내가 쇠사슬에 매인 사신이 된 것은" '사신이 됨'은 본절과 고린도후서 5장 20절에 보이는 낱말로 **'전권대사'**라는 뜻이다.

이는 왕의 전권을 맡은 영화로운 직책을 말한다. 당시 로마에는 세계에서 온 전권대사가 많았을 것이다. 그 속에서 바울은 비록 포박이 되어 끌려 왔지만 그리스도의 대사로 자처했다. 그는 복음 때문에 갇힌 초라한 죄수의 몸으로 로마에 와서 담대히 복음을 전함으로 로마 도성을 정복한 것이다. 그것이 바로 하나님의 비밀이었다.

"나를 위하여 구할 것은" (19절). 이 일을 위하여 바울은 에베소 교인들에게 간절한 기도를 요청하였다. 바울은 복음 때문에 로마 감옥에 투옥된 사실을 결코 부끄러워하거나 두려워하지 않았고, 도리어 이방인의 중심지라고 할 수 있는 로마법정에서 자신의 사명인 복음 전파를 공고히 할 수 있게 된 것을 최대의 관심사로 생각하였다 (Bruce). 복음 때문에 성도들에게 많은 고난이 있겠지만, 잘 극복해야 승리할 수 있다.

마지막 인사 및 축복

에베소서 6장 21-24절

바울은 늘 교회와 성도들을 생각하며 헌신하였고, 이제 권면 후 마지막으로 이 서신을 기록하여 가지고 가는 두기고의 소개와 마지막 축복을 기원한다.

미국에 2,800개의 도서관을 지어 기증한 카네기의 어머니는 "**하나님을 중고품처럼 여기지 말라. 하나님은 한물 간 고물이 아니다. 너에게 날마다 영향을 주는 살아 계신 너의 힘이다**"라고 했다. 미래는 오늘이라는 삶이 비축되어 모인 것이다.

오늘 하지 않은 것은 내일의 보장이라는 것은 없다. 오늘만이 나의 인생이다. 미대륙을 발견한 콜럼버스는 "**나는 내일도 서쪽으로 항해를 계속할 것이다. 하나님이 우리와 함께하신다는 믿음과 소망 때문이다**"라고 하였다. 바울은 축복하는 것으로 편지를 끝맺고 있다.

1. 두기고의 소개(21-22절)

"**나의 사정 곧 내가 무엇을 하는지 너희에게도 알리려 하노니.**" 바울은 공적서신에서 자신의 개인 사정을 일절 언급하지 않았다.

그 대신 개인의 사정을 편지 전달자에게 구두로 전하기로 하였다. 그것은 그의 신변을 염려하던 각지의 제자들에게 필요한 일이었던 것이다. 두기고는 아시아 지방의 대표되는 사람으로(행 20:4), 이 사명에 적격자였던 것이다. 그는 본서와 골로새서, 빌레몬서를 가지고 오네시모와 함께 로마를 떠나(골 4:7-8) 소아시아 지방을 순행하는 임무를 맡았다. 그는 제3차 전도여행 때 바울과 동행하였고, 본서나 목회서신(딤전·후, 딛)을 기록할 때 관여하였다(딤후 4:12; 딛 3:12). 바울이 두기고를 보낸 이유는 성도들을 위로하기 위함이었다.

첫째, 그는 사랑받는 자였다. 이 짤막하고 간단한 표현 속에 두기고의 인격과 사람됨이 너무나 잘 요약이 되어 있다. **"사랑을 받은 형제."** 이 한 마디면 더 이상 장황하게 소개할 필요가 없다. 그만큼 사랑을 받을 수 있었던 것은 신실하고 믿음으로 살며 사랑으로 행동하였기 때문이다. **"가는 정이 있어야 오는 정이 있다"** 는 말이 있다. 사랑받을 만한 행동을 해야 사랑을 받게 된다. 우리가 가정, 교회, 사회, 직장과 다른 사람들로부터 사랑받을 수 있다면 이보다 더 큰 축복이 어디에 있겠는가?

둘째, 그는 진실한 일꾼이었다. 그는 사랑을 받는 자만이 아니라 **"주 안에서 진실한 일꾼"** 이라고 했다. 성도가 진실하다는 말을 듣는 것보다 더 큰 기쁨이 없다. 우리는 진실하게 살아야 한다. 진실이 생명이기 때문이다. 하나님 앞에서 우리의 삶을 결산할 때 **'사랑하며 진실하게 살았다'** 라고 고백할 수 있어야 한다. 그 사람은 참으로 믿음직하고 진실한 사람이라는 말보다 더 귀한 칭찬이 없다. 진실과 신용이 가장 큰 자본이다.

2. 인사와 축복(23-24절)

본문에 세 가지 축복을 볼 수 있다.

첫째, 평안(샬롬)의 축복이다. 평안은 유대인이 보통 인사하는 말로서(마 10:12), 그것은 단지 외적인 평안이 아니고, 중심의 조화에서 오는 평안이다. 유대인에게는 최고 최상의 축복이었다.

둘째, 믿음을 겸한 사랑의 축복이다. 세상의 사랑은 변하는 사랑이다. 그러나 주님의 사랑은 변함없는 사랑이요, 이 사랑 안에서 우리가 구원을 받고 새 생명을 얻었고 자유함을 누린다. 이러한 사랑이 성도들에게 충만해야 한다.

셋째, 은혜의 축복이다. 이 은혜는 주님을 변함없이 사랑하는 자에게 임한다.

23절에서 형제간의 사랑을 강조했다면, 24절은 예수 그리스도가 내리는 사랑을 말한다. **"변함 없이"**는 문자적으로 썩지 않는 것을 뜻한다. **"그것은 영적이며 영원한 사랑이다. 그러므로 이 낱말(썩지 않는) 이 이 영광스런 서신의 면류관이요, 절정에 나타난 것은 적격한 말이다"**(Alford).

"은혜"를 비는 것은 축복문의 상례이다. 이제 그는 결말에 있어 **"주 예수 그리스도를 변함 없이 사랑하는 모든 자에게"** 은혜를 빈다. 이는 **"무한의 축복에 대한 영적인 영원한 사랑의 응답이다"**(이상근).

빌립보서

서론 – 빌립보에 보낸 편지

빌립보서는 총 4장, 104절로 구성된 비교적 짧은 서신이다.

빌립보는 알렉산더 대제의 아버지였던 빌립 2세의 이름을 따서 명명된 로마의 식민지였다. 그런데 빌립보교회는 바울이 유럽 지역, 곧 마게도냐에 세운 첫 교회였다.

에베소서는 교회론을, 골로새서는 기독론을 제시했지만 빌립보서는 성도의 성숙한 삶의 원리를 제시한 서신이다.

바울은 본서를 통하여 분열(分裂)을 일치(一致)로, 고난을 기쁨으로 승화시키는 비결을 들려준다. 그러므로 본서는 오로지 성도의 성숙한 삶을 위한 지침서이다.

1. 저자

본서의 저자는 사도 바울이다. 첫째, 바울 자신이 저자임을 밝혔고(1:1), 둘째, 본서의 어휘와 문체 등이 바울의 저작임을 보여준다(이상근). 셋째, 자신의 회심(回心) 이후에 삶에 대한 바울 자신의 간증은(3:4-9), 부인할 수 없는 내용이 된다. 초대교회의 교부들도 바울의 저작이라고 일치하게 증거한다(Clement, Tertullian).

결국 로마 옥중에서 바울은 제2차 전도여행 시 설립한 빌립보교회에 본 서신을 기록하여 보낸 것이다(행 16:12-40). 바울은 사나 죽으나 주님의 영광이 드러나도록 섬기는 것이 비전이었다(1:20). 진첸도르프는 **"나에게는 오직 하나의 열망(熱望)이 있다. 그것은 바로 그분, 오직 그분뿐이다"** 라고 했는데 이것이 비전이다. 사도 바울은 오직 주님만이 비전이었다.

2. 기록연대와 장소

주후 61-62년경으로 본다. 본서를 로마에서 기록했다는 것은 전통적인 견해이다. 바울은 실제로 로마에서 감금된 채(빌 1:7, 12-14, 17), 2년 동안 셋집에서 살았다는 사실을 사도행전을 통해서 볼 수 있다(행 28:30). 이때 기록된 서신들을 이른바 **'옥중(獄中) 서신'** 이라고 하는데, 본서는 옥중생활의 말기쯤인 62년경에 기록한 것으로 보인다.

1장 13절이나 4장 22절에서 시위대와 로마 황제의 집 사람들을 언급하고 있으며, 바울이 로마에서의 투옥생활 중에도 복음사역을 활발히 전개하고 있음을 시사하는 것은 본 서신의 저작 장소가 로마인 것을 확실히 밝히고 있다. 바울은 선교를 위해 일생 헌신했다.

3. 기록 동기와 목적

첫째, 빌립보교회 교인들을 사랑하는 애정 때문이었다(4:1). 둘째, 자신이 처한 입장을 알리고 큰 고난 가운데 있는 상황을 전하는 것이었다(1:12-26). 셋째, 자신이 가르친 것을 지키도록 격려하기 위함이었다(3:2-21). 넷째, 다가오는 핍박과 고난을 믿음으로 이기도록 응원을 하려는 것이다(1:27-30).

다섯째, 에바브로디도의 병든 상황을 전하기 위하여(2:26-30), 여섯째, 화합과 일치를 이루도록 하기 위해서이다(3:1-3). 일곱째, 어떠한 상황에서도 기쁨으로 살도록 권고하기 위함이었다(4:4-7). 여덟째, 자신에게 필요한 것을 공급해 준 교인들의 뜨거운 사랑과 헌신에 대한 감사로 이 서신을 보낸 것이었다(4:10-20).

4. 빌립보 성(城)의 특징

빌립보는 적어도 세 가지 경우에 우수한 지역적 특징이 있다.

첫째, 당시 빌립보 근처에 금은보물을 생산하는 광산이 있어 고대 세계의 상업중심지였다. 둘째, 빌립보는 세계 교통의 중심지이며 전략상의 요새지였다. 이 지역은 아시아와 유럽을, 그리고 동과 서를 구분하는 구릉지대로서 모든 것의 중심을 이루고 있었다.

셋째, 빌립보는 로마의 식민지로 있었다. 당시 로마제국의 식민지가 된다는 것은 미개지가 개발되어 문명화된다는 사실은 물론이고, 로마의 시민이 되는 영광을 차지하는 것이었다. 동시에 라틴어를 사용하고 문화가 발달하는 신흥도시로 유명해지는 것이다(석원태).

빌립보서의 특징

옥중서신은 에베소서, 빌립보서, 골로새서, 빌레몬서이다. 이것은 사도 바울의 서신들로서 에베소서는 교회론(教會論)이며, 골로새서는 기독론(基督論)으로, 이 편지들은 공적(公的)이며 교리적(教理的)이다. 빌립보서와 빌레몬서는 사적(私的)이며, 윤리적(倫理的)이다. 전자에는 바울의 깊은 신학이 나타나고, 후자에는 그의 경건한 신앙태도를 보여준다.

"빌립보서는 갈라디아서보다 더 평화롭고, 에베소서보다 더 개인적이고 더 사랑이 넘치며, 골로새서보다 근심하여 논쟁하는 것이 덜하며, 데살로니가서보다 더 사려깊고 조직적이다"(Moule). 그러면 빌립보서에 나타난 특징은 무엇인가?

1. 바울의 뜨거운 신앙의 자세를 보여준다

바울은 본서에서 **'나'** 나 **'내'** 라는 말을 무려 52회나 사용하고 있다. **"이는 내게 사는 것이 그리스도니 죽는 것도 유익함이라"**(1:21). 여기에는 그의 그리스도와의 불가분(不可分)의 영교(靈交)를 볼 수 있다. 그의 겸손(2:3, 3:7-16)과 단정한 예의심(禮儀心)(4:10-19)이 나타난다. 이는 개인적 인격성의 표현이며, 자기 간증이고, 성숙해진 자기

신앙태도이다. 바울 자신이 그리스도와 교회 사이에서 얼마나 뜨거운 자기 실존적 의의를 나타내고 있는가를 여실히 보여준다(1:23-26). 바울은 자신의 전 존재론적 의미와 목적이 오직 그리스도와 그의 교회 때문이라고 하는 열정을 토해내고 있다.

2. 바울은 구속론적 신학에 뿌리를 두고 있다

그리스도는 **'은혜와 평강의 원천'** 이라고 했다(1:2, 4:7, 23). 그리고 **'그리스도의 심장'** (1:8), **'복음의 주체'** (1:18), **'구원에 이르게 하는 힘'** (1:19), 성도의 **'유일한 의지의 대상이요, 우리의 확실한 미래'** (부활)(3:7-9), 오직 **'우리의 시민권은 하늘에 있는지라'** (3:20), 그리고 **'그리스도는 성도의 모든 필요의 통로'** 라고 하였다(4:19).

이렇게 빌립보서는 빌립보교회에 보내는 그리스도의 중심사상으로 가득 차 있다. 역사를 구속론적으로, 인생을 구속론적으로, 교회론 구속론적으로 서술하고 있다. 그리스도만이 우리의 생명이다.

3. 사랑과 기쁨의 서신이다

이는 사랑의 편지이며 사랑이야말로 본서의 기조적(基調的)인 정신이다. 그리고 바울 자신이 그리스도를 대하는 사랑, 빌립보교회를 대하는 아가페적 애정, 교인들의 사랑을 합쳐서 마음을 함께하는 동지애적 모습을 보여준다.

그래서 빌립보서의 별명을 〈기쁨의 서신〉이라고 한다. **'기도의 기쁨'** (1:4), **'전도의 기쁨'** (1:18), **'믿음의 기쁨'** (1:25), **'고난에 동참**

하는 공동체의 기쁨 (2:17), **'함께 나누는 사랑의 기쁨'** (2:28-29), **'주 안에서 누리는 기쁨'** (4:1, 4, 10), **'주의 종들을 섬기는 기쁨'** (4:10, 18) 등이다. 이 모든 기쁨은 그리스도의 사랑에 뿌리를 둔 기쁨이다. 이것이 미움의 세상 가운데 존재하는 교회의 생명력이다. 성도들은 그리스도를 섬기는 기쁨으로 늘 충만해야 한다.

4. 신앙과 격려의 서신이다

첫째, 고난을 감수하라고 하였다(1:29). 성도라면 누구든지 그리스도를 위한 교회 때문에 고난을 감수해야 한다. 둘째 그리스도의 복음에 합당하게 생활하라고 하였다(1:27-28). 일심으로 서서 한뜻으로 복음의 신앙을 위하여 협력하고, 어떤 일이 있어도 두려워하지 말아야 한다.

셋째, 복음을 전파하라고 했다(1:18, 2:16). 생명의 말씀을 밝히고 복음을 전파하는 일에 전심전력해야 한다. 넷째, 복음으로 전진하라는 것이다(3:10-13). 뒤에 있는 것은 잊어버리고, 앞에 있는 푯대를 향하여 달려가야 주님으로부터 면류관을 받을 수가 있는 것이다. 다섯째, 그리스도 안에 있는 가능성을 붙잡으라고 하였다(4:13). 우리는 이 세상을 살아가면서 어떤 일을 만나도 주님의 능력 안에서 모든 것을 할 수가 있다.

인사와 축복 선언

빌립보서 1장 1-2절

인사로 편지를 시작하는 것은 동서고금을 통한 관례이다.

그리고 〈송신자─수신자─축원〉 등은 그 당시의 편지를 시작하는 법이었다. 본서의 인사는 바울의 다른 서신에 비해 극히 간단하다. 빌립보교회는 특별히 관심이 많은 교회이다. 빌립보교회는 바울이 유럽에 발을 디딘 후 처음으로 세운 교회로서 좋은 간증들을 가지고 있었기 때문이다. 그는 거기서 루디아를 만났고, 귀신들린 여종을 고쳤으며, 감옥에서 간수를 회개시킨 체험을 가지고 있었다(행 16:11-34).

그리고 빌립보교회가 바울에게 쓸 것을 보내 주었기에 그 고마움을 잊을 수가 없었다. 이 편지는 그가 심장을 담고 보낸 편지였다.

1. 보내는 사람 - 바울과 디모데(1절)

"그리스도 예수의 종 바울과 디모데는." 디모데의 이름이 바울과 같이 송신자로 나타나는 것은 본서 외에 고린도후서, 골로새서, 빌레몬서, 데살로니가전·후서이다. 디모데는 2차와 3차 전도여행 시에 바울과 함께 빌립보를 방문하였기(행 16:1, 19:22) 때문이다. **"그리스도 예수의 종"** 에서 '그리스도'($\chi\rho\iota\sigma\tau\acute{o}\varsigma$)는 **'기름 부음을 받은 자'**

라는 뜻으로 구약에서는 선지자, 제사장, 왕들을 가리켰다. 이들은 하나님의 중보자였다. '**예수**'는 '**구원, 구주**'라는 뜻이다. '**종**' (δοῦλος)은 노예를 말한다. 다른 곳에는 '**사도**'라고 했는데, 여기서는 자신을 예수의 종이라고 낮추고 있다. 이는 그리스도께 절대 복종을 나타내는 의미로 사용했다.

그가 자기를 종으로 부른 것은 본서와 로마서, 디도서뿐이다. "**복음에 대한 소망을 잃으면 모든 것이 무의미하다**"(폴 메디슨). 바울은 복음선교의 열정이 충만한 사람이다.

2. 받는 사람들 – 모든 성도, 감독, 집사들(1절)

바울은 바울서신에 "**그리스도 예수 안에서**" 48회, "**그리스도 안에서**" 34회, "**주 안에서**" 50회를 사용했다.

첫째, "**성도**"는 '**하기오스**'(ἅγιος)로, '**바친 자**', '**구별된 자**', 즉 '**거룩한 무리**'를 뜻한다. 이들은 세상에서 구원받은 성도를 뜻한다.

하나님은 이스라엘 백성들을 거룩한 백성이라고 불렀다. 이 단어는 "**도덕적 정결을 동반한 거룩한 인격**"을 암시하기 때문이다.

둘째, "**감독**"들은 '**살펴보는 자**'라는 뜻을 가진 자로서 교회의 지도자들을 의미한다. 그것은 교회의 일치(一致)를 확보하여 이단들로부터 교회와 교인들을 보호하기 위함이었다. 당시에는 나이도 있고 리더십이 있는 사람을 선별하여 감독으로 세웠다(벧전 5:1-3).

셋째 "**집사**"(執事)는 '**디아코노스**'로 '**섬기는 자**'를 말한다. 그들은 원칙적으로 하나님의 종들로, 성도를 구제하는 것과 교회를 섬기는 일을 맡은 일꾼들이었다.

3. 축복 선언(2절)

바울의 축복의 선언이다. 은혜와 평강을 비는 것은 헬라인의 풍속이었다. 본문에는 두 가지 축복이 같이 있다.

첫째는 그 축복이 무조건이 아니라 성부와 성자의 이름으로, 즉 하나님의 뜻과 그의 축복으로 받는 것이다.

둘째는 성도가 사모할 복이다. 하나님 아버지, 주, 은혜, 평강의 복이다. 우리는 이 은혜를 사모해야 한다. 은혜는 인간의 행위에 관계없이 하나님께로부터 값없이 오는 선물이다. 평강은 은혜의 결과로서, 하나님과의 관계에서 화목(和睦)을 누리고, 사람들 사이에 화해를 이룸을 의미한다(Vincent).

본문에 '**그리스도 예수**'라는 이름이 세 번 나타난다. 첫째는 송신자에게(성도의 신분), 둘째는 수신자에게(성도의 영역), 셋째는 축복에 관련해서(성도의 축복의 근원) 사용하고 있다. 하여튼 '그리스도 중심'(Christ-center)의 바울신학의 면모를 볼 수 있다.

감사로 드리는 기도

빌립보서 1장 3-11절

오늘의 시대는 다양한 중독현상이 난무하고 있다. 사이버 게임, 쇼핑, 펀드, 노름, 술, 쾌락 등을 들 수 있다. 중독현상이란 공통적으로 어떤 특정한 일을 자주 하지 않으면 기운이 빠지고, 안 하고는 살 수 없는, 통제를 잃어버린 상태를 표현한다.

그러나 바울은 예수님과 교회 사랑의 중독에 빠진 사람이다. 그야말로 신령한 중독에 빠진 것이다. 세상의 잘못된 중독은 사람을 망치지만 예수 중독에 빠진 사람은 하나님의 도우심으로 세상을 살리는 사람들이다.

바울은 빌립보교회를 향한 복음과 선교의 열정에 빠진 사람으로, 이로 인해 온 세계가 구원과 삶의 풍요를 누리는 복을 받게 되었다.

1. 감사의 보답(3-6절)

"너희를 생각할 때마다." 여기에 바울의 감사가 넘친다. 바울은 영적 물질적으로 깊은 상관관계를 나누고 있었기에 감사했다(Kent). **"기쁨으로 항상 간구함은."** 빌립보 교인들의 상호이해와 애정을 생각하며 기도를 끊을 수 없었다(Hawthorne).

바울이 옥중에서도 변하지 않고 한 것은 빌립보교회를 위해 늘 기쁨으로 기도하는 일이었다. **"이 서신의 요약은 '내가 기뻐하니 너희도 기뻐하라' 는 것이다"**(Bengel) **"첫날부터 이제까지 복음을 위한 일에 참여하고 있기 때문이라".** 빌립보교회는 초지일관(初志一貫), 변함이 없이 바울의 사역을 도운 것이다.

6절은 바울의 웅대한 비전이다. **"착한 일을 시작하신 이가."** 구속의 은혜를 의미한다(Barth). 구속의 사역을 시작하신 하나님께서 온전히 이 사역을 예수의 날(재림의 날)까지 이루실 것을 확신한다는 것이다.

2. 바울의 애정(7-8절)

"너희가 내 마음에 있음이며"(7절), **"너희 무리를 얼마나 사모하는지 하나님이 내 증인이시니라"**(8절). 이는 바울의 사모곡(思母曲)이다. 바울은 빌립보교회의 모든 성도들을 모두 내 마음속에 품고 있다고 고백한다. 바울의 마음속에 목자(牧者)적인 심정이 있음을 나타낸다(Martin). 이는 지적인 생각만이 아니라 애정과 관심을 갖는 마음의 모든 상태까지 의미한다(Michael).

"마땅하니." 성도들을 향한 자기 사랑이 매우 당연하다는 것이다. 이는 목회자들이 새겨야 할 말이다.

8절은 바울의 애정으로, 자기 개인적 심장이 아니라 그리스도의 심장으로 말한다. **"심장"**($\sigma\pi\lambda\acute{a}\chi\nu a$)은 복수형으로 심장, 폐, 간 등 체내에서 더 소중한 부분들을 종합적으로 가리켜 사람의 정서, 애정, 열정, 근심, 노여움 등의 자리로 보고 있다. 이는 바울의 간곡한 애정과 간절함을 표시한다는 뜻이다.

3. 기도의 내용(9-11절)

이 부분은 바울의 간절한 기도의 내용이다.

첫째는 사랑이 풍성하기를 기도했다. 이는 성령의 열매를 가리킨다(Kent). 그 사랑에 두 가지가 더 풍성하기를 기도했다. 먼저 지식인데 하나님에 대한 지식을 의미한다. 그 다음은 총명이다. 이는 도덕적 또는 분별력을 나타내는 말이다. 둘째는 선한 것을 분별하도록 기도한다. 이는 선한 것과 악한 것을 구별하고(Weiss), 같은 선한 것 중에서 최선의 것을 분별하라는 뜻이다(Ellicott). 셋째는 주님의 날에 의의 열매가 가득하도록 기도하였다. 이는 현재의 삶 속에서 그리스도를 섬기고 실천하면서 성령의 열매를 맺는 것을 의미한다.

모든 것이 하나님께로부터 왔으며, 마땅히 하나님께로 돌아가야 하기 때문이다. 그리고 성도의 삶은 오직 하나님께 영광을 드리고 찬송을 드리는 것이 목적이 되어야 한다(마 5:16; 요 15:8, 17:4).

복음 전도의 열정

빌립보서 1장 12-18절

사사 입산의 이력서이다(삿 12:8-10).

입산은 아들 30명, 딸 30명을 두었는데, 60명 전원을 국제결혼 시켰다. 민족의 군사와 정치를 맡아 7년이나 집권한 사사로서의 업적은 전혀 찾아볼 수가 없다. 아들, 딸 60명이나 낳은 것을 보면 건강은 좋았던 것 같은데 딸들은 외국으로 시집보내고, 며느리는 전원 외국에서 데려왔다고 하니, 선민(選民) 사상으로 혼혈을 금했던 시대에 주변 강대국들의 눈치를 보는 사대주의가 골수에 찬 지도자였던 것 같다.

세상에 별의별 사람이 다 있다. 그러나 바울에게서는 오직 복음을 위하여 옥중에서도 주님의 복음을 전하려는 뜨겁고 간절한 열정을 볼 수가 있다.

1. 복음의 진전(進展)(12-14절)

"**형제들아 내가 당한 일이 도리어 복음 전파에 진전이 된 줄을 너희가 알기를 원하노라.**" "**형제들아**"라는 애칭은 본서에 6번 나타나고, 중요한 사실을 말할 때 사용한다.

그는 지금 로마의 옥중에 갇혀 재판을 받고 있을 때이다. "**내가**

당한 일"은 그가 옥중에서 복음을 위하여 가이사에게 변호하였던 사실을 입증한다(Lenski). 이것이 오히려 이방세계에 복음을 전할 수 있는 계기가 되었다는 것이다. 로마로 호송될 때 복음을 백부장에게 (행 27:9-28:6), 로마에서 만 2년을 보내는 동안 그를 지키는 병사에게(행 28:29-31) 전했다. "**시위대**"는 '**집정관과 시위대원**'을 말한다 (Kent, Lightfoot).

14절의 "**형제 중 다수가**"는 로마에서 개종한 신자들과 유대인 개종자를 말한다(Hendricksen). 한 알의 밀알이 죽어 많은 열매를 맺는 것처럼 이제 바울로 하여금 많은 전도의 진전이 온 것이다.

2. 두 부류의 사람들(15-17절)

첫째 부류의 사람은 투기와 분쟁으로 복음을 전한다. 이들은 투옥당한 바울을 보고 담대함을 얻은 이들 중에서 바울을 개인적으로 시기하여, 경쟁심을 갖고 말씀과 복음을 전파한 사람들이다(Barth). 17절은 첫째 부류에 포함된 사람들을 말한다. 이들은 헌신의 동기를 가지고 한 것이 아니라 이기적인 목적과 야망을 가지고 자기의 이익을 위해 일한 자이다(TENT).

둘째 부류는 착한 뜻으로 그리스도를 전파한 사람들이다. 착한 뜻에 해당하는 '**유토키안**'($\varepsilon\dot{\upsilon}\delta o\chi\acute{\iota}\alpha\nu$)은 '**만족**', '**충족**'을 의미하는 말로, 다른 사람과 유익한 관계를 가진 것을 의미한다. 즉 본절은 바울이 전하는 복음의 목적을 바로 깨닫고 선한 일꾼으로서 복음사역을 행하는 사람을 말한다.

16절은 착한 뜻으로 복음 전파를 한 사람들을 가리킨다. 어쨌든

이들을 통해 그리스도의 복음이 전파되었다.

3. 간절한 소원(18절)

두 가지 종류의 전도자, 자기에 대한 찬반 양파 사이에 처한 바울의 최후 결론이다.

"겉치레로 하나"는 15절의 **"투기와 분쟁으로"**와 상관되며, **"참으로 하나"**는 15절의 **"착한 뜻으로"**와 상관된다. 순수하게 헌신하는 마음으로 복음을 전하는 자들이나, 자기 유익을 위해서 전하는 자들도 한가지로 전해졌다는 것이다. 이는 복음 중심으로 사는 자의 관대한 태도요 결론이다. 자신을 죽이고, 그리스도로 사는 자의 위대한 모습이다(갈 2:20). 여기에 모든 교회의 지도자의 모범이 있다. 지도자는 교인수에 시기하지 말고 초연해야 한다.

"이로써 나는 기뻐하고 또한 기뻐하리라." 복음을 전하여 조금씩 알아가는 사람들을 보고 바울은 기뻐하고 있다. 바울은 육체적으로 감옥에 갇혀 있고, 정신적으로 시기하는 사람이 있음에도 관심의 초점은 오직 복음 전파에 있다(Muller).

성도의 삶의 목적

빌립보서 1장 19-26절

존 웨슬리는 "**나는 구원받았다. 나는 구원받고 있다. 나는 구원을 받을 것이다**"라고 고백했다. 이는 신앙이 유착되지 않고 앞을 향하여 전진하는 자세를 말한다. 신앙은 동력이다. 늘 은혜를 받고, 언제나 결단하고, 범사에 달려가는 삶이다.

영국 선교사 콜롬바는 12명의 선교팀을 이끌고 스코틀랜드에 상륙하였다. 당시 스코틀랜드에는 피크츠 족이 살았다.

이들은 몹시 잔악한 족속으로 외부인들은 무조건 죽였다. 콜롬바는 타고 온 배 위에 흙과 바위를 쌓게 하였다. "**하나님! 우리는 배를 의지하지 않고 하나님만 의지하겠습니다. 이제 이 땅을 밟은 이상 후퇴는 없고 전진만이 있나이다.**" 피크츠 족의 습격을 받는다 해도 도망갈 것을 포기한 것이다. 성도의 삶의 목적은 무엇인가?

1. 구원의 감사(感謝)(19절)

"**이것이 너희의 간구와 예수 그리스도의 성령의 도우심으로.**" 빌립보 성도들의 기도가 엄청난 능력을 발휘할 것을 믿었고(행 4:29-31, 12:5-12), 또 그리스도와 성령의 능력이 생명을 공급하시고 구원하신다는 것을 굳게 믿었다(롬 8:26).

"**구원에 이르게.**" 이는 빌립보 교인들을 다시 만날 재회를 기대하고 있기 때문에, 감옥에서의 석방을 의미한다(Chrysostom). 바울에게 이 세상에서의 삶의 이유는 오직 그리스도와 그의 성도들이다.

"**아는 고로.**" 이는 경험적이 아니라 초경험적이며, 직관적이고 절대적인 지식이다. 이 지식은 하나님의 지식을 말한다(고후 1:11, 2:2, Vincent). 바울은 일생을 구원받은 감격으로 살았던 대표적인 인물이다. 이처럼 우리도 구원의 감사를 잊지 말아야 한다. 바울은 옥중에서 그리스도와 복음의 감동과 선교의 기쁨을 누리고 있다.

2. 그리스도 중심(20-21절)

"**나의 간절한 기대와 소망을 따라.**" "간절한 소망은 목을 빼내어 바라보는 것이다"(Vincent). "**아무 일에든지 부끄러워하지 아니하고.**" 바울을 모략하는 중상자나 로마의 재판관도 바울의 마음을 부끄럽게 할 수 없었다. 바울은 재판을 받고 사형을 받는다 하더라도 이방인들에게 오직 그리스도를 증언하여 주님이 존귀하게 됨을 소망하고 있다(Kent).

"**이는 내게 사는 것이 그리스도니 죽는 것도 유익함이라.**" 이는 자신이 긴박한 상황에 처해 있음을 시사한다. 그의 삶은 일반사람들처럼 자기나 가족을 위하고, 향락을 위한 것이 아니라, 오직 삶 그 자체가 그리스도이다. 그리스도는 그의 삶의 동기요, 목적이요, 생각이요, 이상이요, 전부였다. 실로 그는 죽고 그 속에 그리스도가 살아계셨던 것이다(갈 2:20). 그리스도인들은 오직 주와 연합하여 하나가 되어야 한다.

3. 복음의 전파(22-26절)

"**만일 육신으로 사는 이것이.**" 로마의 법정에서 무죄가 선언되어 살아나도 주님을 위해서 살겠다는 것이다. "**내가 그 둘 사이에 끼었으니.**" 사형(死刑)을 받든지 무죄(無罪) 석방을 받든지, 즉 내가 죽어 천국에 가는 것이 더 좋겠지만, 그러나 내가 살아 있는 것이 성도에게 더 좋다는 고백이다. "**더 유익하리라.**" 아마도 목자의 심정으로 빌립보 교인들을 위해 행하는 사역을 의미하는 것 같다(Kent).

"**너희 무리와 함께 거할 이것을 확실히 아노니.**" 이는 감옥에서 출옥할 것을 확신하고 있다(Kent). 바울이 살아서 그들과 함께 한다면 그들을 가르치고 믿음의 진보가 있을 뿐 아니라 말씀을 행하는, 복음이 전해지는 놀라운 기쁨을 얻게 될 것이다.

26절의 '**자랑**' 의 '**카우케마**' ($\chi\alpha\acute{u}\chi\eta\mu\alpha$)는 '**기쁨**' 을 의미한다 (joy, NIV). 이는 자신을 통해 구원의 풍성한 기쁨을 볼 수 있을 것이기 때문이다(Meyer).

그리스도인의 사회생활

빌립보서 1장 27-30절

그리스도인의 삶의 정체성은 무엇인가? 그리스도가 보여주신 본을 따라가는 삶, 즉 복음에 합당하게 사는 것이 우리가 가져야 할 정체성이다. 그리고 핍박마저 두려워하지 않고, 구원받은 것 때문에 고난도 받을 수 있는 사람이 되어야 한다.

편안한 삶을 바라지 말고, 강한 사람이 되기를 기도해야 한다. 내 힘에 맞는 일을 바라지 말고, 내 일을 감당할 능력을 소원해야 한다. 요행을 바라지 말고, 믿는 바를 실천할 용기를 달라고 간구해야 한다. 장수하기를 빌지 말고, 살아 있는 동안 최선을 다할 수 있도록 기도해야 한다.

칼빈은 **"하나님의 힘만이 괴로움과 무거운 짐을 견디게 하고 우리를 굳건히 서게 한다"**고 했다. 그러면 바울이 권면하는 삶의 태도는 무엇인가?

1. 복음에 합당하게 생활하라(27절)

"너희는 그리스도의 복음에 합당하게 생활하라." 교회는 한마음으로[一心] 하나님의 복음을 따라 실천해야 한다(엡 4:1-3). **'생활하라'** 는 **'폴리튜에스데'** ($πολιτεύεσθε$)로 **'시민답게 살아라'** 는 의미이다. **'하늘의 시민답게 살아라'** 고 해석하는 것이 타당하다(Lenski). 하늘의 시민답게 사는 기준은 복음에 있다.

성도는 주님의 부르심에 일치하고, 그 특권과 책임에 합당하게 살아야 한다.

"그리스도의 복음" 은 그리스도에 관한 복된 소식의 뜻으로, 그리스도로 말미암아 구원받은 성도들은 그의 왕국(王國)을 형성해야 한다. 기독교의 구원관은 이기적, 개인적, 실리적, 현실주의가 아니라 어디까지나 그리스도 중심적으로 공동체를 이루어 가는 것이다.

주님의 간절한 열망은 천하만민이 복음을 듣고 빈부와 인종과 국경을 초월하여 **'함께 사는 공동체'** [共存原則]를 만드는 것이다.

2. 복음에 협력하고, 핍박을 두려워 말라(27-28절)

바울은 빌립보 교인들에게 두 가지를 행할 것을 요청한다.

첫째로 복음의 신앙을 위하여 협력하라고 권면한다. **"한마음으로"**, **"한 뜻으로"** 는 '**인간의 영이나 마음**' 을 가리킨다(Moffatt, Meyer). 즉 바울은 공동의 마음과 정신을 가지고 서로 협력하여 복음의 신앙을 위하여 애써 수고할 것을 권면한다. 즉 성도들은 진리를 보다 널리 전하고 지키기 위해 수고해야 한다.

둘째로 대적자들을 두려워 말라고 권면한다. 대적자는 유대인을 포함한 하나님을 대적하는 모든 자들을 가리킨다(Martin, Kant). 전투에서 이기는 길은 내적으로 단결하는 동시에 외적으로 적에 대하여 두려워하지 않고 담대하게 싸우는 것이다(이상근). 바울 자신도 많은 핍박을 받은 사람이다(고후 11:23-33). 우리도 복음을 핍박하는 사람이나 사이비나 이단자들을 두려워하지 말고 영적으로 싸워야 한다.

3. 고난을 함께 받아라(29-30절)

"**그를 위하여 고난도 받게 하려 하심이라.**" 이는 신자의 고난의 철학이다. "**너희에게 은혜를 주신 것은**"에서는 두 가지 은혜를 말하는데, 첫째, 고난을 받을 자는 은혜를 받은 자, 즉 신앙의 진보자들인 것이다. 둘째, 고난 그 자체가 은혜라는 뜻이다(이상근). 은혜(믿음)와 고난은 주님과 하나가 되는 방편이다(롬 8:17).

바울은 "**생각하건대 현재의 고난은 장차 우리에게 나타날 영광과 비교할 수 없도다**"(롬 8:18)라고 고백하였다. "**고난을 거부하는 자는 그리스도의 적이다**"(Luther).

'**싸움**'은 운동장에서의 경기를 말한다. "**우리는 우리의 신앙을 보이기 위해 이 마당(경기장)에 보냄을 받은 하나님의 운동선수들이다**"(Epictet by Kennedy). "**고난은 성도가 그리스도와 약혼할 때 받는 선물이다**"(Vincent). 우리는 믿음으로 구원을 받을 때까지 매사에 고난을 이겨야 한다.

그리스도인의 교회생활

빌립보서 2장 1-4절

《노인과 바다》는 1952년에 기록한 소설인데, 산티아고라는 늙은 쿠바 어부의 이야기이다.

그는 1,500파운드나 되는 엄청나게 큰 물고기를 발견하고 3일간의 혈투를 벌인다. 그는 기어이 그 고기를 나포하지만 배에 묶어 귀향하는 중 상어떼의 습격을 받아 결국 물고기는 다 잡아 먹히고 거대한 뼈만 가지고 돌아온다는 이야기이다.

비극적인 소설 같지만, 엄청난 도전을 주는 정열적인 소설이다. 정열적인 삶 자체가 성공이요, 멋진 인생이 된다. 그러면 신앙생활의 원리는 무엇인가? 그리스도를 위해, 교회를 위해, 이웃을 위해 자기를 희생하여 그리스도에게 자신을 드리는 삶이다.

1. 마음을 같이하라(1-2절)

이는 성도가 교회 안에서 지켜야 할 덕목(권면)이다.

첫째, **"무슨 권면이나"** 는 믿음이 약하거나 시험에 빠진 성도를 대하는 태도이다. 둘째, **"사랑의 무슨 위로나"** 는 영육간에 고통에 빠진 자에 대한 태도이다. 셋째, **"성령의 무슨 교제나"** 는 성도간 피차의 교제의 태도이다. 넷째, **"긍휼이나 자비가 있거든"** 에서 긍휼은 마음을 기울인 사랑이고, 자비는 약자를 대하는 동정을 말한다.

"**마음을 같이하여 같은 사랑을 가지고 뜻을 합하며 한마음을 품어.**" 이는 1절의 요소를 열거한다. 1절은 원리, 2절은 그 원리에 입각한 마음의 태도, 3절 이하는 구체적인 행동을 가르친다.

본절은 마음의 일치를 논한다. 마음을 같이한다(첫째)는 것은 정적으로 사랑을 같이 하는 것(둘째)이며, 의지적으로 뜻을 합하는 것(셋째)이다. 그리하여 한마음을 품으라(넷째)는 것이다. 넷째는 첫째와 같이 말하면서도 결과적이며 더 강한 표시로 되어 있다(이상근).

2. 남을 낫게 여기라(3절)

"**아무 일에든지 다툼이나 허영으로 하지 말고.**" 이것은 하나 되는 일에 방해물이므로 바울은 일치를 위한 구체적인 방법을 제시한다. '**허영**'은 '**케노독시안**'($\kappa\epsilon\nu o\delta o\xi\iota\alpha\nu$)으로, '내용이 없는 영광이나 자랑'을 의미한다. 자기를 높이고 헛된 영광을 구할 때 다툼이 일어나 교회의 불일치를 초래하게 된다.

한편 적극적인 의미에서 겸손해야 한다. 겸손은 하나님 앞에서의 겸손으로, 이 겸손을 통해서 사람 앞에서 '**타인을 자신보다 낫게 여기는**' 겸손을 이룰 수 있다(Martin, 벧전 5:5-6).

당시에 겸손은 미덕이 아니라 노예 근성에서 비롯된 굴욕과 비굴함을 의미하였다(Lenski). 그러나 그리스도께서 이 땅에 오셔서 '**겸손의 본**'을 보여 주심으로(8절, 요 13:1-20) 겸손은 기독교의 최대의 미덕이 되었다. "그리스도인의 생활에 있어 첫째, 둘째, 셋째의 중요한 덕목은 겸손이다"(Augustine).

3. 서로 돌보라(4절)

"**자기 일을 ······다른 사람들의 일을 돌보아.**" 겸손의 미덕에 대해 "**각각 자기보다 남을 낫게 여기고**"라고 한 앞절에서는 그 마음의 원리를 말하고, 본절에서는 행동적인 실천을 보인다.

교회는 즐거워하는 자와 함께 즐거워하고 우는 자들과 함께 우는 것(롬 12:15)이, 통일과 화합과 일치를 이루는 방법이다. 성도는 교회 내에서 자신의 이익과 은사를 살피고, 타인의 이익과 은사를 살펴서 서로를 포용하고 연합하여 일치를 이루어야 한다(Kent). 성도는 분열과 갈등을 극복하고 서로 섬기는 삶을 살아야 한다.

"**나의 기쁨을 충만하게 하라.**" 바울은 빌립보교회를 보는 것만으로도 기쁨이었다. 하지만 사소한 분쟁(4:1-3)으로 기쁨이 완전하지 못했다. 그래서 바울은 빌립보 교인들에게 이기심을 버리고 타인에 대한 관심과 사랑을 가지라고 권하는 것이다. 성도는 언제나 사랑해야 한다.

주님을 본받는 생활

빌립보서 2장 5-11절

사도 바울은 교회가 하나 되기를 권하고 그 요소로서 겸손을 강조한 후 이제 그 겸손의 본으로서 그리스도를 든다. 주님의 겸손을 배우는 것은 주님께서 친히 명하신 것이다(마 11:29). 그리스도는 성도들의 사랑의 본이시며(요 13:34), 생명의 빛의 근원이시며(요 6:35, 8:12), 충성과(히 3:6) 용서의(골 3:13) 본이시며 인내와 극기의 본이 되신다(마 16:24).

주님은 인간을 구원하시려고 최고로 자신을 낮추셨다. 겸손은 'Humility'로 라틴어 'Humus'(땅)에서 왔다. 그러므로 겸손은 기독교의 덕성(德性)의 지주이며 바탕이 된다. 주님은 자신을 최고로 낮추셨고, 하나님을 최고로 높이시어 구원을 이루셨다.

1. 버리는 삶(5-6절)

이는 빌립보교회의 일치(一致)를 위해 겸손을 나타낸다. 그리스도는 궁극적 삶의 모델로서 겸손을 보여 주셨다. **"겸손을 생활철학으로 삼으라. 겸손은 천국을 여는 열쇠이고, 교만은 지옥문을 여는 열쇠이다"**(앙드레 지드). 주님은 범죄한 인간들을 구원하시기 위해 기꺼이 자기를 버리셨다.

"이 마음을 품으라." 이는 자신을 낮추시고, 부정하시고, 십자가를 지기까지 복종하신 것처럼, 성도가 서로 겸손하고 자신을 부정할 때, 다툼이나 허영이 사라지고 교회의 일치를 낳는다(Kent).

"하나님의 본체", "하나님과 동등됨" 은 주님의 본질적인 속성과 성품으로 이해한다(Lightfoot). 주님은 시간과 공간에 제한받는 인간으로 오시기 위해 영광을 버리셨다(Müller).

주님은 원래 하나님의 본체로서 하나님과 동등하시다. 그러나 타락한 인간의 구원을 위해서 동등됨을 포기하시고 사람의 몸을 입고 오셨다. 이는 인성을 가지신 주님의 겸손함을 나타낸다(Vincent).

2. 복종하는 삶(7-8절)

"오히려 자기를 비워 종의 형체를 가지사." "말씀이 육신이 되어" (요 1:14)의 설명이다. 그는 하나님의 본체를 영원히 가지고 계시면서 종(사람)의 형체를 덧입으셨다. 여기에 신인(神人) 양성(兩性)을 가지신 그리스도의 독특한 인격이 탄생되었다(이상근). 종이란 주님의 인성의 별명이다. **"모든 자의 주인이신 주님은 모든 자의 종이 되신 것이다"** (마 20:27-28, Lightfoot).

"사람들과 같이 되셨고" 에서 **"같이"** 는 '호모이오마티' (ὁμοιώματι)로, **'유사함'**, **'동일함'** 을 강조한 것으로, 주님이 죄의 본성을 제외한 모든 면에서 다른 모든 인간들과 같이 되셨음을 시사한다(Lincoln). **"그리스도는 참 하나님이시고 참 인간이시다"** (Byron).

"죽기까지 복종하셨으니 곧 십자가에 죽으심이라." 주님의 극도의 비하를 말한다. 당시 십자가 형벌은 형벌 중에 가장 가혹하였지만, 주님은 십자가에 죽기까지 복종하셨다(신 21:23).

3. 영광돌리는 삶(9-11절)

"**모든 이름 위에 뛰어난 이름을 주사.**" 이것은 주께서 우주 전체를 다스리시는 주권을 소유하신 분으로 나타낸다(Hawthorne). 10절에 보면 만유의 주, 땅의 임금들의 머리가 되심을 나타낸다(계 1:5). 주는 주(主)님이기에 모든 만물이 그에게 복종해야 한다.

누가 복종하는가? 하늘에 있는 자들과 땅에 있는 자들과 땅 아래 있는 자들이다. 이는 세상과 천상과 지하에 있는 모든 자들이 예수에게 순종하고 굴복할 수밖에 없는 우주적 승리인 것이다. '**무릎을 꿇다**'는 경배, 찬미, 복종을 뜻한다.

"**모든 입으로 예수 그리스도를 주라 시인하여**"에서 '**시인**'은 감사로 번역되는 말로서 그 뜻은 '**감사하게 고백한다**'는 것이다(Lightfoot). '**영광**'은 성부와 성자간의 빛나는 관계이다. 성자는 복종하고, 성부는 높이시어, 하나님의 뜻의 성취를 의미하는 것으로 하나님께 영광을 돌리는 것이다(Kent).

구원을 이루는 생활

빌립보서 2장 12-18절

성공은 마무리 손질이 잘되는 것이다. 도중하차(途中下車)와 용두사미(龍頭蛇尾)는 실패한 인생이다. 시작은 미약하나 나중이 잘되는 것이 아름다운 일이다(욥 8:7).

모세의 믿음의 인생론(출 14:21), 야곱의 동행자 인생론(창 28:16), 요셉의 목적 있는 인생론(창 45:5), 갈렙의 순종의 인생론(수 14:12), 룻의 사랑의 인생론(룻 1:16), 바울의 질그릇 인생론(고후 4:7)이 우리에게 주는 교훈이 무엇인가?

중세기의 수도사들은 〈**죽음을 기억하자**〉라는 말을 인사말로 사용하였다. 우리는 일생을 예수님을 본받아 오직 인내하며 겸손하게 살아야 한다. 성도는 초지일관 주님을 본받아 살아가면 반드시 승리할 수 있다.

1. 두렵고 떨림으로(12-13절)

"**항상 복종하여**." 하나님이나(Lightfoot), 바울에게나(Meyer), 성도 상호간(Bengel)이냐는 이견이 있지만, 오히려 모든 것을 종합한 성도의 경건한 태도를 가리킨다고 할 수 있다(이상근). 이미 복종한 저들이 계속 복종할 것을 강조한다. 그것이 십자가에 죽으신 주님을 본받는 길이다.

"**두렵고 떨림으로.**" 이는 노예적인 공포심이 아니라, 신앙인의 경건하고 건전한 경외심을 말한다. 두려움과 떨림이란 내적으로 자신의 죄성을 발견하며, 외적으로 자기의 능력으로 감당할 수 없는 시련을 인식할 때 오는 것이다(행 9:31).

"**너희 구원을 이루라.**" 이는 개인 구원을 말한다. "**이루라**"는 말은 능동태로서 '**일을 끝내라**', '**완성하라**'는 뜻이다. "**너희 구원은 믿음으로 시작되나 성령으로 성결(聖潔)케 되는 과정, 즉 거룩한 복종과 그리스도인의 완전에로 계속되는 것이다**"(Alford).

2. 원망과 시비가 없이(14-16절)

"**모든 일을 원망과 시비가 없이 하라.**" 주님의 일, 특히 구원은 원망과 시비가 없어야 한다. '**원망**'은 '**투덜대는 불평**'(不平)을, '**시비**'는 '**악의(惡意) 있는 논쟁**'을 의미한다. 즉 사소한 일을 가지고 악의 있는 마음으로 불평하는 태도를 말한다. 전자는 도덕적, 후자는 이지적으로 하나님께 반항하는 것이다(Lightfoot). 하여튼 원망과 시비란 신자의 신앙이 약화될 때 나타나는 첫 번째 병세들이다(이상근). 하나님은 그리스도인이 흠이 없고(타인에게 책망받을 일이 없이), 순전한(이질적인 것이 섞이지 않는) 모습으로 구원받기를 원하신다.

"**생명의 말씀을 밝혀**"(붙들어). 생명의 말씀을 붙들지 않으면 그것을 세상에 밝히 드러낼 수 없기 때문이다(Kent). "**자랑할 것이 있게.**"

주님의 재림의 때에 그리스도인들은 이 땅에서 애써 수고한 구원으로 보상받을 것이다(Kent). 결국 헛되지 않는 상급을 받는다.

3. 전도자의 헌신이 헛되지 않도록(17-18절)

전도는 말로 하는 것이 아니고, 몸으로 하는 것이다.

"내가 나를 전제로 드릴지라도"에서 **'전제'**는 고대 제사의 관습에서 포도주를 제물에 붓는 행위를 말한다. 이는 이방인의 구원을 위해서 자신의 순교를 하겠다는 고백이다(Hendricksen). 당시 바울은 재판의 결과 여하에 따라 순교가 목전에 있었다.

"믿음의 제물과 섬김 위에." 이는 희생적 봉사를 의미한다(Kent). 바울은 희생적인 봉사 위에 자신을 제물로 드린다 해도 전혀 두려워하지 않고 오히려 기뻐하고 기뻐한다고 말한다.

"너희도 기뻐하고 나와 함께 기뻐하라." 본문에 **'기뻐하라'**는 말이 5번 나온다. 여기에는 빌립보 교인의 기쁨, 빌립보 교인의 믿음의 제사는 구원의 완성을 뜻하고(12절), 바울의 순교는 그리스도에게 가는 것을(1:23) 뜻하므로, 믿음으로 다같이 기뻐하는 이것이 전도자의 헌신과 위대한 고백이다.

목회자의 관심(중심)

빌립보서 2장 19-30절

성경은 만남의 이야기이며, 교회는 만남의 장소이다. 성도의 모든 만남은 성령이 주도하신다. 시인은 **"보라 형제가 연합하여 동거함이 어찌 그리 선하고 아름다운고"**(시 133:1)라고 고백했다.

바울은 디모데와 에바브로디도를 만나 교회와 성도를 섬기는 일에 헌신하였다. 이들은 하나같이 좋은 인격자였다. 좋은 사람을 만나는 것이 세상에서 제일 큰 복이다. 이들을 통해 빌립보교회와 성도들의 소식을 듣고 전하는 아름다운 목자의 모습을 볼 수가 있다.

복음과 바울을 위하여 열심히 보필하다가 병이 들 정도로 헌신하는 아름다운 성도들이었다. 우리는 교회와 성도를 사랑해야 한다.

1. 디모데의 충성(19-24절)

바울은 디모데를 두고 **"믿음 안에서 참 아들"**(딤전 1:2), **"사랑하는 아들"**(딤후 1:2), **"내 아들"**(딤후 2:1), **"나의 동료, 나의 동역자"**(고후 8:23)라고 하였다. 디모데는 더베(Derbe) 혹은 루스드라(Lystra) 출신이다(석원태).

어머니는 유니게, 외조모는 로이스이며 아버지는 헬라인이었다

(딤후 1:5). 바울의 제2차 전도여행 시 주님을 영접한 것으로 추정된다(행 16:1-3).

디모데를 보내는 목적은 안위(安慰)를 받으려 함이다. 자기의 안부를 전하고 또 빌립보 교인의 안부를 들어 위로를 받으려 했다. 목자(牧者)의 관심은 오직 성도들이다.

"자식이 아버지에게 함같이 나와 함께 복음을 위하여 수고하였느니라." 이는 디모데의 연단의 내용이다. 그는 아버지를 섬김같이 바울의 명령대로 움직여 헌신하였다. 그가 바울을 섬긴 것은 복음을 위하여 수고한 것이었다.

2. 에바브로디도의 헌신(25-27절)

'**에바브로디도**'의 축약형은 '**에바브라**'이다. 다른 곳에 언급된 에바브라와는 다른 이름이다(골 1:7, 4:12; 몬 1:23). 이는 골로새 출신이고, 본절의 에바브로디도는 빌립보 출신이다(Müller). 그는 본서를 빌립보교회에 보낸 자로(Kent), 바울은 이를 다섯 가지 칭호로 나타낸다.

첫째, "**나의 형제요.**" 이는 가족의 일원처럼 생활했다는 뜻이다. 둘째, "**함께 수고하고.**" 이는 동역자로 복음을 위해 수고했다는 것이다. 셋째, "**함께 군사 된 자요.**" 대적자들과 싸우는 충성을 말한다. 넷째 "**너희 사자로.**" 사도를 가리킨다. 다섯째, '**쓸 것을 돕는 자**'는 봉사자라는 뜻이다. 그는 몸에 병이 들어도 조금도 개의치 않고 복음과 바울을 위하여 전적으로 헌신하였다.

에바브로디도는 오히려 자기가 병든 것을 빌립보교회의 성도들이 들은 줄 알고 근심할 정도로 성도들만 생각하는 선한 일꾼이었다.

3. 목회자의 마음(28-30절)

에바브로디도가 병들었을 때 본인과 바울, 빌립보 교인에게 다같이 근심이었다(26절). 이제 그를 돌려 보내어 빌립보 교인들을 만나게 함으로 3자간의 모든 근심을 해결하는 것이다.

"더욱 급히" 는 비교급 부사로, 그의 중병이 나은 것을 알리기 위해 속히 보내는 것을 말한다. 이는 동시에 **'더 큰 열심히'** (Lightfoot), **'더 부지런하게'** (Ellicott)이다. 과연 그의 병은 하나님이 그와 바울과 성도들을 위하여 고쳐 주셨다. 그러므로 이렇게 복음에 헌신하는 자들을 존귀히 여기라고 말씀하신다.

"나를 섬기는 너희의 일에 부족함을 채우려 함이니라" 에서 **'일'** 의 원어는 봉사로서 복음 전파 사역을 의미한다. 우리는 성도로서 그리스도의 복음을 위하여 목회자와 협력하여 성도를 섬기는 일에 더욱 힘을 써야 한다. 주님의 복음을 위하여 더욱 기쁘고 행복한 마음으로 주님을 섬겨야 한다.

교회를 잘 섬겨라

빌립보서 3장 1-3절

예수원의 벤 토레이 본부장은 현재 한국적 상황을 보고, 한국교회에 고언하기를, "**한국교회가 연합하고, 하나님의 능력을 구하고, 개인과 공동체의 죄, 가정과 교회 자체의 모든 구조적인 죄까지 회개하고 서로 용서해야 북한을 덮고 있는 사단의 견고한 진을 파할 수 있다**"고 충언했다.

연세대학교에 세워진 언더우드 동상에는 "**하나님의 사자로 한국에 와서 그리스도의 제자로 살다가 한국인의 친구가 된 사람**"이라고 적혀 있다. 그의 한국 사랑은 그의 사후 80여 년 동안 그의 후손인 원한경, 원일한, 원한광 등 4대에 걸쳐 다양한 교육 및 봉사활동으로 이 땅에 복음의 뿌리를 내렸다.

우리는 한국교회를 바로 세워야 하는 주역으로 어떻게 교회를 섬겨야 하겠는가?

1. 기쁨으로 섬겨라(1절)

"**끝으로**"는 '**결론적으로**', '**마지막으로**' (KJV)라는 뜻으로, 더 깊은 강조를 하려는 의미에서 사용한다. 교회생활의 첫째 원리는 기쁨으로 섬기는 것이다. 기뻐하라는 것은 본서의 기본사상이다.

서로 기뻐해야 하는 것은 교회 안에 일어나는 불일치를 해소(解消)하는 데 있어서 가장 중요한 청량제가 된다. 주 안에서 기쁨은 십자가의 고(苦)와(Calvin), 세상 일과(Theodoret), 유대인의 박해와(Calovius) 대조되는 것으로 보는 견해들이 있다. 좌우지간 신앙의 기쁨은 모든 것을 이기고도 남는다. 사람의 삶은 근심이 가득한 삶이다. 그러나 우리는 구원받은 감격으로 살아야 행복하다.

"같은 말을 쓰는 것이." 바울은 성도에게 기뻐하라는 단어를 늘 사용해도 지나칠 것이 없다고 말한다. 기쁨은 영육혼(靈肉魂)을 건강하게 하고 교회가 유익한 것이다.

2. 유대주의를 경계하라(2절)

본문에 **'삼가라'** 는 말이 3번이나 반복되어 있다. 이는 강한 강조를 의미한다. 이 말은 경계심을 가지고 관찰하라는 뜻이다. 이는 이른바 믿는 유대인을 가리킨다(이상근).

첫째, 개들을 삼가라. 개들은 길거리를 다니면서 사람들에게 덤벼드는 사나운 짐승으로(Lightfoot), 경멸스러운 존재를 가리킬 때 사용했던 상징적 표현이다(신 23:18). 예수님도 진리를 거역하는 자들에게 사용하셨고(마 7:6), 이방인을 가리킬 때도 사용하셨다(마 15:26-27). 본문에서 개는 유대주의 행악자들을 지칭한다(Michael).

둘째, 행악하는 자들을 삼가라. 문자적으로 악한 일꾼들이다. 이들은 하나님의 은혜를 믿지 않고 율법을 행함으로 구원을 받으려는 자들이다.

셋째, 손할례당을 삼가라. 이들은 하나님의 은혜를 저버리고 행위만 중요시하는 자로서 율법을 고수하는 율법주의자들을 말한다.

3. 예수를 자랑하라(3절)

누가 할례당인가? 행위를 따라 할례만 받는다고 할례당이 아니다. 마음에 할례를 받는 자들이 진정한 할례당이다(롬 2:25-29; 골 2:11).

첫째는 하나님의 성령으로 봉사하라. 진정한 할례당은 전통이나 형식에 지배받지 않고 성령의 인도하심에 따라 기쁜 마음으로 예배드리고 봉사한다. 둘째는 예수를 자랑하라. 유대주의자들은 율법을 지키는 행위를 자랑하였다. 그러나 참 할례당은 예수님을 자랑하는 자들로서 모든 만족과 소망이 그리스도를 통하여 나오는 것임을 아는 자들이다(갈 6:14). 셋째는 육체를 신뢰하지 말라. **'육체'** 에 해당하는 **'사르키'** ($\sigma\alpha\rho\chi\iota$)는 일반적으로 **'몸'** (눅 24:39), **'타락한 본성'** (롬 7:5)을 가리키는데, 즉 인간의 육체의 고깃덩어리를 시사한다.

그러므로 우리 그리스도인들은 오직 주님만 신뢰하여 하나님의 교회를 섬겨야 됨을 가리킨다(Kent, Martin).

주님으로 얻는 영광

빌립보서 3장 4-11절

현대에는 자신의 외면을 드러내는 사람들이 많다. 명품(名品)을 통해 두각을 보이려는 명품족, 외적인 건강과 미(美)가 초유의 관심인 웰루킹(well-looking) 족들이 늘고 있으며, 외적인 모습에 근거한 몸짱이나 얼짱을 보이려는 사례가 많고, 외국인도 성형수술을 위해 우리나라에 들어오고 있다.

그러나 균형잡힌 철학과 가치관을 가지고, **'자신의 영적인 몸매, 또는 영적인 성형을 위해 얼마나 신경을 쓰고 있는가?'** 라고 질문을 던지고 싶다. 우리는 날이 갈수록 더 가까워지는 주님의 심판을 생각해야 하는데(히 9:27-28), 바울처럼 모든 것을 배설물처럼 여기고 주님께로 달려가야 하지 않겠는가?

1. 바울의 자기 자랑(4-6절)

"나도 육체를 신뢰할 만하며." 이는 유대인의 공격관계로 자기를 피력하고, 모든 것이 가치가 없다는 것을 단정하려 함이다. 바울이 자기를 신뢰할 만한 것이 무엇인가?

첫째, 할례자—난 지 8일 만에 할례를 받은 것은 정통파 유대인이라는 뜻이다. 둘째, 이스라엘의 족속—그는 순수한 이스라엘 태생으로 거룩한 백성의 개념을 가지고 있다(Lightfoot). 셋째, 베냐민의 지파—사울, 에스더의 혈통으로 전통적인 유대인임을 밝히고 있다(Hendricksen).

넷째, 히브리인—아브라함의 씨로 이방인의 피가 전혀 섞이지 않은 순수한 히브리인이라는 뜻이다(Kent). 다섯째, 바리새인—바리새파는 엄격한 유대종파이며, 바울은 또 가말리엘 문하생이었다(행 22:3). 여섯째, 율법의 흠이 없는 자—그의 엄격한 율법적 반생애를 나타내고 있다. 이것이 자기 자랑이었다.

2. 바울의 자기 포기(7-9절)

"**무엇이든지**", "**다 해로 여길 뿐더러.**" 위에 열거한 조건들, 이전의 모든 율법주의의 삶을 그리스도로 말미암아 해로 여겼다. "**여길 뿐더러**"는 '**헤게마이**' (ἥγημαι)로 완료중간태로서 해로 여겼을 뿐만 아니라 현재에도 여전히 해로 여기고 있음을 나타낸다.

"**배설물로 여김은.**" 즉 '그를 위하여', '그리스도를 얻기 위하여' 배설물로 여겼다. '**배설물**'은 '**스퀴발라**' (σχύβαλα)로, '**똥, 음식찌꺼기, 오물**'을 의미한다. 그 이유가 무엇인가? "**내 주 그리스도 예수를 아는 지식이 가장 고상하기 때문이라**"고 하였다. 이는 세상의 그 무엇과 비길 수 없는 최고, 최상의 모든 것을 얻었기 때문이다(마 13:44-46).

'**가장 고상함**'이란 '**휘페레콘**'으로 '**가장 탁월함**'이라는 뜻이다.

이는 신앙의 감격, 구원의 측량할 수 없는 기쁨, 주님을 믿는 것이 세상의 모든 것에 대한 정견(正見)에 설 때 그리스도에 대한 지식이 가장 위대하다는 고백이다(Moffatt).

3. 주님에 대한 감격(10-11절)

본문은 그리스도를 아는 지식을 조금 더 설명하려는 것이다.

"알고자 하여" 는 지적인 지식과 경험적 지식을 말한다. 즉, 과거나 현재처럼 앞으로 계속해서 알기를 원하는 강한 의지를 말한다. 신앙은 세상의 그 무엇과도 바꿀 수 없는 절대적 관계를 말한다. 신앙의 종점은 부활의 영광에 참여하는 것이다. 그러나 현재 부활의 권능에 참여한 자는 주님 때문에 능력 있는 삶을 살게 한다. 그러기 위해서는 고난에 참여해야 한다.

부활과 고난은 서로 상관성이 있다. 십자가의 고난을 통과하지 않고 부활의 영광에 도달하지 못한다. 주님을 통한 부활의 확신을 가슴에 확보하지 않고는 그리스도의 잔을 마시려는 열망은 있을 수 없는 일이다(Meyer). 그러므로 신앙은 교제―위로 하나님과 아래로 사람과의―를 말한다. 이 교제의 핵심은 주로 인한 고난과 부활의 교제인 것이다.

구원을 이루는 방법

빌립보서 3장 12-16절

구원은 나의 죄를 대신해서 십자가에 돌아가신 예수님을 믿으면 된다(요 3:16).

즉, 구원은 방주에 들어가는 것이다(창 7:1-8:19). 그리고 놋뱀을 쳐다보는 것이다(민 21:4-9). 광야교회가 교회의 근본이다(행 7:38). 이스라엘 민족이 광야교회에서 우상숭배, 간음, 주를 시험, 원망(불신, 불평)하다가 구원에 실패했다(고전 10:1-13). 구원은 세상(애굽)에서의 구원과 현생활(광야교회)에서의 구원과 종말적(요단강)인 구원이 있다.

바울은 **"항상 복종하여 두렵고 떨림으로 너희 구원을 이루라"**(빌 2:12)고 하셨다. **"다만 악에서 구하시옵소서"** 즉 육체적, 정신적, 영적으로 구원을 받아야 한다. 구원에 실패하면 망한다.

1. 과거적(애굽) 구원(12절)

"이미 얻었다 함도······온전히 이루었다 함도 아니라." 우리는 구원을 받았지만(엡 2:8), 구원을 이루는 도상(途上)에 있다. 온전한 구원은 영적이요 소망적이다. 문제는 여기에서 구원에 실패할 수 있다. 이스라엘 민족은 애굽에서 탈출하여 바다의 세례를 받았지만 대부분 구원에 실패했다(고전 10:1-5).

바울이 예수님을 만남은 믿음의 경주에 있어서 끝이 아니라 시작으로서(Robertson) 그가 열망하는 완전함에 이르기 위해서 믿음의 경주, 즉 영적인 성장을 위하여 계속해서 달음질한다는 뜻이다.

"**예수께 잡힌 바 된 그것을 잡으려고 달려가노라**"에서 '**달려가노라**'의 '**디오코**'(διώκω)는 '**추격하다**'라는 의미이다. 열심히 노력한다는 강한 표현으로 사냥개가 토끼를 따라가는 태도를 말한다. 우리는 어디까지 이르렀든지 오직 주님을 바라보고 그대로 행해야 구원을 얻는다.

2. 현재적(광야교회) 구원(13-14절)

"**뒤에 있는 것은 잊어버리고 앞에 있는 것을 잡으려고.**" 구원은 끝까지 달려가는 것이 전제조건이다(딤후 4:6-8). 그것은 중단 없는 전진(前進)을 말한다.

그리고 전진을 위해, 첫 번째 필요한 것은 현재에 머물러 있어서는 안 되는 것이다. "**자기의 상태보다 더 못하게 자기를 보는 것은 성도들의 정상 상태이다**"(Bengel). 두 번째는 과거를 잊어버리는 것이다. 공(功)은 하나님께 돌리고, 죄는 하나님께 자복하고, 다 잊어야 한다. 그러므로 방주, 놋뱀, 예수 그리스도는 오직 구원을 목적으로 한다. 성도는 날마다 죄사함을 받아야 한다. 광야교회에서 원망을 고치기 위해 40년이 걸렸다(민 14:28, 34).

"**푯대를 향하여**"는 문자적으로 '**푯대를 똑바로 쳐다보고**'라는 의미이다. 달리는 자는 푯대를 확보해야 한다. **"달리는 자는 관중을 보지 않고 푯대만 보고 달려야 한다"**(Chrysostom).

3. 종말적(요단 강) 구원(15-16절)

"우리 온전히 이룬 자들은." 더 이상의 노력이 필요없는 완전을 의미하는 것이 아니라 이전의 연약과 무지에 비하여 성장한 상태이지만, 더 높은 목표를 향한 노력의 여지가 아직도 남아 있음을 뜻한다. 우리는 하나님께 소속이 되어 있으나 그리스도의 장성한 분량(分量)까지 성숙해 가야 한다(Müller).

모세는 가나안을 눈앞에 두고 반석을 두 번 쳤기 때문에 들어가지 못했다(민 20:2-13). 그래서 하나님은 모세에게 **"네 발에서 신을 벗으라"**(출 3:5)고 미리 말씀하셨다. 이는 이성과 지식과 경험적 자기를 버리고 하나님만 따르라는 명령이었다. 우리는 종말적 구원을 위해 날마다 죽어야 한다(고전 9:27, 15:31).

"그대로 행할 것이라"의 **'스토이케인'** ($\sigma\tau o\iota\chi\epsilon\iota\nu$)은 **'보조를 맞추다'**, **'일치하여 행하다'** 라는 뜻이다. 신앙은 끝까지 조화와 협력을 이루어 나가야 하는 것이다(Kent).

믿음을 이루는 방법

빌립보서 3장 17-21절

성경은 약속의 말씀이다. 구약은 7,706회, 신약은 1,104회로 총 8,810회의 하나님의 약속이 기록되어 있다.

그중에서도 우리를 긴장시키는 것은 **"내가 다시 오겠다"**(요 14:3), **"내가 속히 오겠다"**(계 22:20)는 종말적 약속이다.

53년 동안 맨해튼 〈**호텔플라자**〉에서 문지기를 한 조셉 조렌티니는 25세에 취업하여 78세에 은퇴할 때까지 사람들을 만날 때마다 예수님을 대하듯 섬겨서 수많은 사람들을 전도했다고 한다.

우리는 주님의 피로 값 주고 구속받은 하나님의 자녀이다. 우리는 매순간 무슨 일을 하든지, 교회를 섬기고 사람들을 섬기면서 오직 주님께 순종하는 삶을 살아야 한다.

1. 나를 본받으라(17절)

"형제들아 너희는 함께 나를 본받으라." 바울은 이미 그리스도를 본받을 것을 권하였다(2:5). 그리고 이제는 자기를 본받으라고 한다. 그러나 바울도 그리스도를 본받는 자이므로(고전 11:1), 그를 본받는 것은 결국 그리스도를 본받는 것이 된다.

이는 바울 자신의 우월감이 아니라, 그리스도를 위한 헌신에 모델을 통한 실제의 교훈이 필요하여 자신을 그리스도를 섬기는 모델로 제시하고 있는 것이다. 요즘에는 본받을 대상이 부족한 현실이다. 나의 신앙, 나의 윤리적 삶, 나의 경건을 모방하라고 할 수 있는 모델이 되어야 한다.

"그와 같이 행하는 자들을 눈여겨 보라." 본문에서 **'우리'** 라는 말은 디모데와 에바브로디도를 말한다(2:25, 29, Hendricksen). 성도는 주님과 본받는 사람을 주시하고, 그를 통해 뭔가를 배우고, 그리스도인다운 삶을 살아야 한다.

2. 십자가의 원수가 되지 말라(18-19절)

"십자가의 원수로 행하느니라." 그리스도교는 자기를 십자가에 못 박고(갈 2:20), 십자가를 지고 주를 따르는(막 8:34) 종교이다. 그러므로 육욕(肉慾)으로 흐르는 것은 교회에 미치는 악영향으로 원수가 되는 것이다.

십자가의 원수는 두 가지이다. 첫째는 십자가의 공로를 무시하고 율법의 규범을 주장하는 것이다(Barth). 둘째는 그리스도의 구속의 은혜를 왜곡하여 율법의 모든 조항을 부정하는 자이다(Beare). 그리스도의 속죄사역을 왜곡하면 안 된다(Kent).

십자가의 원수의 특성은 첫째 **"그들의 마침은 멸망이요"** - 이는 지옥에 간다는 뜻이다. 둘째 **"그들의 신은 배요"** - 육체의 정욕대로 사는 것을 말한다. 셋째 **"그 영광은 그들의 부끄러움에 있고"** - 부끄러움은 벌거벗음을 말하고, 부도덕한 일을 서슴지 않는 것을 말한다. 넷째 **"땅의 일을 생각하는 자라"** - 이는 하늘의 일의 반대로 물질적이고, 세상적인 가치기준을 따라 행동하는 것을 말한다(Müller).

3. 하늘의 시민권을 바라보라(20-21절)

"우리의 시민권은 하늘에 있는지라." 시민권은 이곳에만 나오는 말로 원래는 '**시민으로 행함**'을 뜻했으나, 거기에서 국가, 헌법, 시민권을 표시하였다. 성도는 이 땅의 가치에 집착하지 않고 하늘의 가치들을 사모하여 실현하려고 하늘에서 오시는 구원자, 주 예수 그리스도를 사모하는 사람들이다.

"거기로부터" 는 혹자는 시민권(Martin), 혹자는 하늘(Moffatt)이라고 주장하나, 두 가지를 모두 가리킨다고 보는 것이 타당하다(Kent).
성도들이 가야 할 고향은 하늘나라이다. 우리는 영광의 몸, 썩지 않을 몸, 신령한 몸(고전 15:42-44)으로 변화된다. 그것은 만물을 복종케 하시는 그리스도의 역사로 이루어진다. '**역사**'는 초자연적인 능력을 가리킨다(Müller). 주님은 온 우주와 원수들에게 초자연적인 주권적인 능력을 가지고 계시므로 마지막날 성도들을 완전히 구원하실 수가 있다.

하나 되는 비결

빌립보서 4장 1-3절

사도 바울은 3장까지, 교회를 섬기는 중요한 구체적 내용으로 권면하였다. 그러나 이제는 개인적이며 종합적인 권면을 한다. 이 부분에서는 사실적이며 솔직하게 빌립보교회의 부조화의 원인이 된 인물들의 이름을 붙여가면서 먼저 합심을 권한다(1-3절). 이어서 기쁨으로 섬길 것을 권한 후(4-7절), 결론적으로 여러 가지 미덕을 열거하고 있다(8-9절). 우리가 믿음생활을 하는 방법과 내용은 어디까지나 하나님의 말씀인 성경이다.

"교회는 싸우지 않으면 부흥한다"(한경직). 성도는 오로지 성경을 통해 해답을 찾아야지, 가정이나 사회나 직장 등 배움과 경험의 방법을 통해 교회에 접목해서는 안 된다.

1. 주 안에 서라(1절)

"나의 사랑하고 사모하는 형제들, 나의 기쁨이요 면류관인 사랑하는 자들아." '사랑'이라는 말을 2번이나 반복한다.

즉 처음과 나중에 사랑하는 자라는 명칭과 그나마 사모하는 형제들, 기쁨, 면류관 등의 애칭이 쏟아져 나와 바울이 빌립보 교인들을 대하는 깊고 절실한 애정을 선명하게 나타내고 있다. **"바울은 다른 서신에는 이와 같은 사랑과 애찬의 표현을 집중하지 않았다"** (Meyer).

"주 안에 서라" 에서 '서라' 는 '**스테케테**' (στήχετε)로 '**진실되게 서다**', '**굳게 서다**' 라는 뜻이다. 이것은 원래 병사가 전쟁중에 적(敵)의 공격을 받으면서도 초소에 굳게 서 있는 모습을 표현할 때 사용하였다.

성도들이 어려운 시험을 당할 때 굳게, 흔들리지 않고, 진실되게 설 수 있는 것은 항상 주님과 동행할 때 비로소 가능하다. 성도들은 말씀과 믿음에 든든히 서야 한다.

2. 주 안에서 같은 마음을 품으라(2절)

"유오디아……순두게." 이 두 이름은 고대의 비문에도 나타나는 보편적인 부인 이름이다. 그 뜻은 전자는 '**순조로운 여행**', 후자는 '**행복한 기회**' 라는 뜻이다. 이 여인들은 본문의 전후로 보아 서로 분쟁과 다툼의 근원이었던 모양이다(이상근). 빌립보교회는 자색옷감 장사를 하는 루디아에 의해 세워진 교회로서(행 16:13-15), 유럽에 세워진 첫 번째 교회이다.

"권하고……권하노니" 를 반복하는 것은 두 사람 사이의 불화가 매우 심각했기 때문에 개별적인 훈계가 필요함을 나타낸다(Kent). **"주 안에서 같은 마음을 품으라."** 이는 주 안에서 사랑으로 하나 된 마음을 가리킨다(Martin). 성도의 화해(和解)와 일치(一致)의 기본원리는 주님과의 영적 연합(聯合)에 있다.

교인들이 의견을 달리하면 서로 존중해야지, 서로 싸우면 교회의 유익을 끼칠 수가 없다. 믿음을 떠나 참된 합일(合一)은 있을 수가 없다.

3. 주의 일꾼들을 도우라(3절)

"**나와 멍에를 같이한.**" 멍에를 같이한 자는 '**동역자**'를 뜻한다. 이는 빌립보교회의 감독이나 성도들을 지칭하는 말이다. "**나와 함께 힘쓰던 저 여인들을 돕고.**" 목자와 성도는 연약한 자를 도와야 한다. 바울은 그들의 아픈점(단점)을 말하지 않고 그들이 끼친 공을 높여 도와줄 것을 권면하고 있다.

교회가 시험을 받는 것은 서로 다 잘하려고 하다가 갈등(葛藤)이 일어나기 때문이다. 서로 절대 해롭게 하려고 시도하는 자는 많지 않다. 그러므로 선을 행하다가 낙심하지 말아야 한다(갈 6:7, 9).

"**그 이름들이 생명책에 있느니라.**" 예수님은 복음을 전할 때 제자들에게 "**너희 이름이 하늘에 기록된 것으로 기뻐하라**"(눅 10:20)고 하셨다. 우리가 복음을 전하다가 억울한 일을 당하여도 영원한 생명을 얻는바, 그 이름이 생명책에 기록되므로 그들의 수고는 결코 헛되지 않는다(계 3:5).

성도의 삶의 방식(1)

빌립보서 4장 4-7절

탈무드에 나오는 이야기이다.

세 친구가 있었는데, 한 친구는 매일같이 생활하는 친구이고, 두 번째 친구는 가끔 만나는 친구이고, 세 번째 친구는 만날 때마다 손해만 끼치는 친구였다. 그 사람이 죽어서 천국에 가보니 천국 입구에서 자기를 환영해주는 친구가 세 번째 친구였다. 그 첫 번째 친구가 돈이고, 두 번째 친구는 친척이고, 세 번째 친구는 선행이다. 선한 일에는 손해를 끼칠 수 있지만, 그러나 그 선행은 천국까지 함께 가는 친구이다.

우리가 세상을 살아갈 때 용서하고 이웃을 섬기는 삶은 주를 상대하는 스스로의 삶의 태도이며, 〈**기쁨 + 관용 + 기도 = 평강**〉을 누리는 축복을 받는다.

1. 항상 기뻐하라(4절)

"**주 안에서 항상 기뻐하라.**" 기쁨은 본서의 기본어이다(1:4, 3:1). 본서가 권하는 기쁨이란, 주 안에서 누리는 기쁨이지, 세속적인 기쁨이 아니다. 그리고 그것은 항상 느끼는 연속적인 기쁨이다(이상근). 기뻐하라의 '**카이레네**'($\chi\alpha\iota\rho\epsilon\nu\epsilon$)는 현재능동태 명령법으로 어떠한 상황 가운데서도 기뻐하라는 뜻이다(Robertson). 바울은 감옥생활(1:13; 행 16:19-25), 교회의 아픔(4:1-3), 율법주의 도전(3:1-12) 등 많은 문제들이 있음에도 기쁨을 요청하고 있다. 주님은 어떠한 상황 가운데에서도 기뻐할 충만한 기쁨의 근거가 되신다(Calvin).

"내가 다시 말하노니." "그가 이 권면을 중복하는 것은 고난 중에도 어찌 기뻐하겠느냐고 할 사람들의 회의(懷疑)를 제거하려 함이다" (Herbert). 성도는 언제든지 우리를 구원해 주신 구원의 은총(감격)으로 늘 기뻐해야 한다.

2. 모든 사람을 관용하라(5절)

"너희 관용을 모든 사람에게 알게 하라." '관용'이란 '토 에피에이케스'(τὸ ἐπιείχές)로 손해나 역경을 당해도 쉽게 동요되거나 넘어지지 않고 평정을 유지하는 영적인 인내를 말한다(Calvin).

또 "관용은 박해에 대한 온유성, 중상자에 대한 용서의 용의, 사무처리의 공정성, 남의 성격과 행동을 비판함의 공평성, 성격의 친절성, 그리고 감정의 전적인 절제 등을 의미한다"(Macknight).

"주께서 가까우시니라." 관용자의 목표를 말한다. 곧 주님의 재림(再臨) 때문에 용서해야 한다. "주께서 오신다!" 즉 '마라나타'(고전 16:22, μαραναθά)는 초대교회의 구호였는데, 이 구호를 부르며 살았고, 이 구호 하에 혼연히 순교하였다(이상근). 바울은 선악간에 모든 행위를 심판하시는 주님의 재림이 가까워오므로 모든 핍박을 인내하고 다른 사람에게 관대한 태도를 보이라고 권면하고 있다.

3. 아무것도 염려하지 말고 기도하라(6절)

"**아무것도 염려하지 말고.**" 이는 현재명령형으로 염려를 중단하라는 뜻이다(Robertson). 염려는 기쁨의 적이다. 염려는 신앙인의 마음이 하나님을 떠나 세상물질계를 향할 때 일어나는 것이다. 주님은 산상보훈에서 물질생활에 대한 교훈(마 6:25-34) 중에 〈**염려하지 말라**〉는 말을 6회나 반복하여 말씀하셨다. 염려에 대한 해결책은 〈**기도와 간구**〉이다.

"**감사함으로.**" 이는 의심하지 말고 큰 확신으로 모든 것을 선하게 이루실 줄을 믿고 하나님의 뜻에 전적으로 순종하는 것을 나타낸다(Meyer). 그리하면 하나님의 평강이 우리의 마음과 생각을 다스리신다. 하나님의 평강은 영원하고 본질적이며 완전하기 때문이다.

7절에 "**지키시리라**"는 '프루레세이' (φρουρησει)로 '**호위하리라**'는 의미로, 군대 용어이다. 하나님의 평강은 믿는 자의 마음을 지키는 수비대처럼 모든 염려로부터 지켜 보호해 주신다(Kent).

성도의 삶의 방식(2)

빌립보서 4장 8-9절

요시하라 다마오의 《다시 만나고 싶은 사람이 되는 38가지 법칙》이라는 책이 있다. 여기에 보면 저자는 다시 만나고 싶은 사람은 사교성이 뛰어나거나 명랑하고 말을 잘하는 사람이 아니라 **'반응이 좋은 사람'** 이라고 했다. 내 말이나 관심에 동감(同感)하고 잘 반응하는 사람은 다시 만나고 싶은 마음이 생긴다.

믿음은 하나님의 사랑에 대한 〈반응〉이라고 한다. 하나님의 사랑을 깨달았다면 그의 말씀에 반응해야 한다(요 12:1-8).

본문은 좋은 미덕(美德)으로, 빌립보 교인들에게 신앙인의 입장에서 그들의 고유한 덕목을 재권장하고 있다. 성도다운 생활은 아무리 권장해도 좋은 것이다.

1. 말씀을 깊이 생각하라(8절)

"**끝으로 형제들아.**" 서신의 결말을 서두르면서 남은 미덕을 일시에 권장한다. "**무엇에든지**"라는 말은 신자의 광범위한 도덕생활을 권장하는 것이다. 첫째, "**참되며**" — 이는 모든 덕목의 기본으로 하나님의 속성이며 믿는 자의 특징이다. 둘째, "**경건하며**" — 이는 도덕성의 향상을 따른 존엄하고 존귀한 것을 말한다.

셋째, "**옳으며**" – 이는 법률적 도덕적 정의로, 이방인의 도덕적 최고의 미덕으로서 참됨과 더불어 모든 도덕의 근본이다. 넷째, "**정결하며**" – 이는 도덕적인 정숙함을 강조하며 엄격한 의미의 순결을 강조하는 말이다. 다섯째, "**사랑받을 만하며**" – 이는 즐겁고 유쾌하며 품성으로, 말로, 태도로 사랑스럽다는 뜻이다. 여섯째, "**칭찬받을 만하며**" – 이는 '**정중한**', '**고상한**', '**우아한**' 이라는 의미를 가진다. 능동적으로 좋게 말하는 것이나 수동적으로 좋은 평판을 듣는 것을 말한다.

"**무슨 덕이 있든지**"에서 덕(德)은 '**탁월성**', '**선**' 을 말하는 것으로, 도덕적으로 뛰어난 것을 말한다. "**무슨 기림이 있든지**"에서 '**기림**' (공동번역-칭찬할 만한 것)은 '**에파이노스**' ($\epsilon\pi\alpha\iota\nu o\varsigma$)로 도덕과 상관적인 것, 도덕상 높은 것으로 칭찬하는 것을 말한다.

2. 말씀을 행하라(9절 상반절)

"**너희는 내게 배우고 받고 듣고 본 바를 행하라**." 바울이 빌립보 교회에게 베푼 설교는 추상적이고 이론적인 것이 아니라 분명한 목적이 있고 행동으로 실천되어야 할 것들이다(Hendricksen). 본절에 나타난 4개의 동사는 두 그룹으로 구분할 수 있다. 첫째, "**배우고**"와 "**받고**"는, 바울이 전해준 교훈을 말한다. 설교와 가르침들이다. 둘째 "**듣고**"와 "**본 바**"는, 바울의 말과 행동에 대해 관찰할 것을 강조한다.

그러므로 그의 말씀을 듣고 생활을 직접 관찰함으로써 깨달은 모든 것을 본받아 행하라고 권고하고 있다. 성도는 말씀을 들은 자로서 마땅히 생활을 통해 그 말씀대로 실천해야 한다.

3. 평강의 하나님이 함께 계시리라(9절 하반절)

"**평강의 하나님이 너희와 함께 계시리라.**" "**평강의 하나님**"은 평강의 근원을 말한다. 유대인의 인사말은 샬롬(평강)이다. 평강은 "**성도의 마음의 열매로서**"(Alford), "**염려의 해독제이며**"(Vincent), "**기쁨의 반려(伴侶)이다**"(Bengel).

신약에서의 평강은 '**에이레네**'(εἰρήνη)로 단지 외적인 무사만 아니라 마음 중심적인 것으로 그것은 그리스도의 속죄로 인하여 하나님과 사람, 사람과 사람, 사람과 자연관계를 선하게 샬롬으로 이루는 것이다. 성도들은 먼저 교회공동체의 평안에 힘써야 한다. 나 때문에 분열이 야기되어서는 안 되고, 나 때문에 찢어진 곳이 싸매이는 존재로 쓰임받아야 한다.

성도는 교회를 세우는 사람이다. 오늘날 내분에 휩싸여 엄청난 갈등을 겪고 있는 많은 교회들이 이 충고를 받아 조금이라도 실천한다면 모든 교회는 샬롬으로 행복할 것이다.

자기 만족의 비결

빌립보서 4장 10-13절

이제 빌립보서의 결론에 도달하였다. 그는 마지막에 스스로의 만족과 빌립보교회 성도들에 대한 감사로 끝을 맺고 있다. 이 감사의 부분은 동시에 바울의 간증록이다.

감사야말로 사람을 행복하게 하는 지름길이다. 1997년 김현양을 비롯한 지존파 일당이 사형을 당할 때 **"좀더 일찍 믿지 못한 것이 유감"** 이라고 말하면서, 참회의 눈물을 흘리며, 찬양을 부르며, 사형장으로 들어갈 수 있었던 것은 나 같은 죄인을 구원하신 하나님의 은혜 때문이었다.

바울은 **'죄인 중에 괴수'** (딤전 1:15) **'만삭되지 못하여 난 자'** (고전 15:8)를 구원하심에 대한 은총을 감격함으로 자족할 수 있었을 것이다.

1. 기쁨의 생활(10절)

"내가 주 안에서 크게 기뻐함은." 본서의 기본어인 〈**기쁨**〉과 바울 신학의 기본관념인 〈**주 안에서**〉가 삶의 윤활유였다. 크게 기뻐한다는 말은 여기서 처음 사용하고 있다.

세상 모든 조건을 다 갖추어도 주님을 떠나면 모든 것을 잃어버린다. 기쁨보다 더 좋은 자산은 없다. 우리의 영육혼이 늘 기뻐하면 삶이 행복해진다. 빌립보교회는 헌금으로 여러 번 바울 선교에 후원을 했다. 선교는 보내는 자나 받는 자가 서로 기쁨으로 교류해야 한다. 이 선교 후원은 단순히 바울을 돕는 것이 아니라 주님을 향한 선행 앞에 크게 기뻐한 것이다.

"다시 싹이 남이니." 이 싹은 믿음에서 나는 복음을 사랑하는 마음이다. 선교는 세상에서 가장 아름다운 것이다. 복음을 위한 아름다운 선한 행위이기 때문이다. 우리는 주님의 복음을 위하여 헌신해야 한다.

2. 감사의 생활(11-12절)

"어떠한 형편에든지 나는 자족하기를 배웠노니." 이 말은 **'어떤 환경에서라도 나는 존재한다'** 는 뜻이다. 바울 자신이 곤경에 처해 있지만 벗어나는 것이 주된 관심이 아님을 밝히고 있다(Kent).

자기가 당한 일을 숙명적으로 받아들이는 것이 아니라 오로지 근심과 걱정으로부터 초연함을 의미한다(Martin).

자족이란 **'아우타르케스'** ($αὐτρχης$)로 **'자연스럽게 산다'** 는 뜻이다. 과연 자족은 최대의 부이며, 최대의 배움이다. **"이 학업은 현재까지의 그의 모든 경험을 통하여 성취되었다"** (Vincent).

"일체의 비결을 배웠노라." 이는 자족을 구체적으로 설명한다. 비천(卑賤)에도, 풍부(豊富)에도, 배부름과 배고픔에도, 풍부와 궁핍에도, 이는 모든 일과 전부에, 모든 환경, 모든 관계를 총칭하는 고백이다. 이는 배움의 학교가 주님이며, 체험적인 배움에서의 감사행위인 것이다.

3. 믿음의 생활(13절)

"내게 능력 주시는 자 안에서 내가 모든 것을 할 수 있느니라." 영국의 청교도 정치가인 크롬웰은 이 구절을 암송하면서 운명하였다고 한다.

누가 능력을 주시는가? 그것은 그리스도이며 성령이시다. 본문에 능력을 나타내는 두 낱말이 나타난다. **"내게 능력"**, **"할 수 있다."** 전자는 내적인 힘의 근거인 그리스도이고, 후자는 그 힘을 받는 나의 능력을 표시한다. 이것이 그리스도인의 삶의 비밀이며 참된 능력의 원천이다(Calvin). 모든 것은 문맥상 모든 환경들을 뜻한다. 바울은 인생의 순경과 역경, 그리고 모든 것을 거뜬히 감당할 수 있다고 고백하고 있다.

우리는 이 신앙으로 유혹과 시험을, 향락과 자기를 이겨야 한다. 우리도 내게 능력 주시는 자 안에서 모든 것을 할 수 있다는 믿음을 가질 때 낙관주의로 그리스도의 나라를 지상에 세우는 역사가 일어날 줄로 믿는다.

감사와 강복선언

빌립보서 4장 14-23절

"그 사람이 얼마나 행복한가를 평가하는 기준은 감사의 깊이에 달려 있다"(존 밀러).

우울증은 그 원인과 유형이 여러 가지이지만 대체로 감사를 잃어버려서 슬픔의 호르몬이 많이 발생하여 의욕이 저하되는 증세를 말한다. 그러나 삶을 통하여 늘 감사하면 머리에서 엔돌핀, 뇌내 모르핀이 나와서 자연이 행복 호르몬이 분비되는 것이다. 이는 결국 의지(意志)의 장(場)인 뇌량을 활성화시켜서 의욕을 증진시키기 때문에 행복해진다.

우리가 행동하기에 앞서서 생각과 감정을 정리하여 올바른 행동으로 이끌어주는 것이 감사의 행위이다. 바울은 본문에서 모든 성도들에게 감사하고 있다.

1. 감사의 표현(14-16절)

"그러나 너희가……잘하였도다." 14-16절까지 헌금에 대한 구체적인 감사를 표시한다. 바울은 빌립보교회의 헌금을 잘하였다고 칭찬하고 있다. 헌금은 이상과 현실, 신앙과 행함의 조화이다.

"주고 받는 내 일에 참여한 교회가 너희 외에 아무도 없었느니라."

주고 받는 일은 상업용어지만, 영적 은혜와 물질로 주어진 것을 말한다. 목회자는 교인의 영적 생활을 책임지고, 교인은 목회자의 육적 생활을 책임져야 건전한 발전을 기할 수 있다(고전 9:11). 바울은 데살로니가에서 복음사역을 할 때에는 데살로니가 교인들에게 누를 끼치지 않기 위해서 손수 노동을 하였다(살전 2:9; 살후 3:7-8).

그러나 빌립보교회 교인들은 바울의 선교를 위해서 여러 번 그에게 선교비를 보냈다. 이렇게 빌립보 교인들은 주를 섬기고 바울을 도운 물질적 도움이 독특하였다.

2. 마음의 소원(17-18절)

"내가 선물을 구함이 아니요." 혹자는 바울이 더 많은 헌금을 구하고 있다는 그들의 의심을 불식시키기 위해 이와 같은 말을 하고 있다고 한다(Lightfoot). 바울의 관심의 대상은 헌금이 아니라 헌금을 보낸 빌립보 성도들의 영적 열매에 있다(Hendricksen).

실제로 빌립보 교인들이 바울에게 드린 헌금은 영적인 투자와 같았다(Martin). 영적인 투자는 그들이 투자한 것보다 훨씬 더 많은 이익을 얻게 될 것이다. "내게는 모든 것이 있고 또 풍부한지라." 이것은 어디까지나 받은 것의 감사이지(2:25), 새로운 것을 구하는 것이 아님을 밝히고 있다.

"너희에게 유익하도록 풍성한 열매를 구함이라", "이는 받으실 만한 향기로운 제물이요 하나님을 기쁘시게 하는 것이라." 하나님이 빌립보교회 성도들이 잘되도록 기도드리는 것이고, 받은 헌금을 축복하는 바울의 간절한 기도이다.

3. 축복의 기도(19-23절)

"**나의 하나님이……그 풍성한 대로 너희 모든 쓸 것을 채우시리라.**" 빌립보교회의 선교헌금에 대한 사도 바울의 신령한 강복선언이다. 목회자와 성도간에 주고 받는 일이다. 여기에 하나님의 축복의 성격이 잘 표시되어 있다. 그 근원은 하나님의 풍성이며, 그 방법은 그리스도 안에서이다. 그리고 그 종국은 하나님의 영광, 하나님의 축복이 나타날 때 반드시 이런 성격을 띠는 것이다. 이는 현재에서 물질로, 내세에서 영적으로 갚아 주신다.

"**하나님 곧 우리 아버지께 세세 무궁하도록 영광을 돌릴지어다.**" 본문은 본 서신을 마무리짓는 송영이다. 바울은 특별히 본절에서 하나님의 자녀에 대한 부성적(父性的)인 돌보심을 확신하며(19절), 찬양으로 그 기쁨을 표현하고 있다. 21-23절은 본 서신의 결문이다. 관례에 따라 이 결문은 바울의 친필로 기록한 것으로 믿어진다. 본절의 문안인사는 당시의 보편적인 편지형식에서 빌려온 것으로서 그리스도와 영적 관계를 확인함을 특징으로 한다(Caffin).

"**주 예수 그리스도의 은혜가**"는 마지막 축도로 바울의 전형적인 편지 형식이다(롬 16:27; 갈 6:18; 살전 5:28; 몬 1:25).

골로새서

서론 – 골로새에 보낸 편지

본서는 에베소서, 빌립보서, 빌레몬서와 더불어 바울이 로마 감옥에 갇혀 있을 때 기록한 옥중서신이다. 그런데 에배소서가 그리스도의 교회론에 초점을 맞추었다면 본서는 교회의 그리스도론에 초점을 맞춘 기독론이다.

곧 본서는 그리스도가 만물의 중심이요 으뜸이라는 사상이 명쾌히 서술되어 있다. 이러한 배경하에서 본서는 골로새교회 속에 파고든 각종 이단사상을 경계하고 있다(1-2장). 형식주의를 버리고 그리스도인의 성숙하고 능력 있는 삶의 자세를 권면하고 있는 소중한 서신이다(3-4장).

1. 저자

본서의 저자는 사도 바울이다(Marcion, Ignatius, Justin). 본서의 저자가 바울인 것을 3차례나 자증하고 있다(1:1, 23, 4:18). 본서에 바울의 애용어가 나타나지 않는다고 해서 반대설의 근거가 될 수는 없다.

데살로니가전서에서는 〈의〉, 갈라디아서와 고린도전서에서는 〈구원〉, 로마서에서는 〈십자가〉, 고린도후서에서는 〈율법〉이라는 낱말이 한 번도 나타나지 않아도 바울의 서신이다(Moffatt).

이외에도 본서와 빌레몬서 두 서신은 동일한 장소인 골로새에 보냈고, 두 서신에 나오는 바울의 동역자들은 모두 같은 사람들이다(4:10, 12, 14; 몬 1:23, 24). 본서와 빌레몬서의 이 같은 일치점들은 결정적으로 본 서신이 바울의 저작임을 입증하고 있는 것이다(Kümmel). 이상과 같이 본서의 내용이 바울의 저작임은 너무나도 명백한 사실로 믿는다.

2. 기록연대와 장소

주후 61-62년경으로 본다(행 28:30). 본서는 로마에 투옥되어 있던 기간에 기록되었다는 것이 전통적인 견해이다(4:3, 18). 여러 가지 정황상 로마 옥중이 분명하다. 기록 장소를 가이사랴(Lohmeyer), 에베소로(Duncan) 말하는 학자들도 있으나, 바울이 본서를 기록할 당시 로마에 있었다는 견해(C.H.Dodd)는 전통(傳統)적인 견해이며, 지금도 광범위하게 지지를 받는다.

본서는 에베소서와 많은 유사점을 갖고 있어 로마 옥중에 있을 무렵 기록되었으며, 에베소서보다 약간 먼저 기록된 것으로 보인다.

3. 기록 동기와 목적

당시 골로새교회에 침투한 혼합주의 이단들의 위험성을 염려하며 기록한 것으로 보인다.

본서는 세 가지 특징을 갖는다. 첫째, 유대주의를 경계한다―할례(2:11-14), 음식의 금기사항(2:16), 성일(聖日)(2:16-17)에 관하여 조심하라는 것이다. 둘째, 철학적 특성을 경계한다(2:8-10)－골로새교회에 침투한 이단사상은 신비주의(2:18-19), 금욕주의적 경향은(2:20-23) 철학적 특성을 갖는다. 당시에 영지주의 이단은 종교와 철학이 단순하게 혼합된 것이다.

셋째, 위장된 형식주의를 경계한다－이는 그리스도를 부인하지는 않지만, 그리스도의 주권(主權)과 지존(至尊)하심을 인정하지 않는 것을 말한다. 이것은 교회의 위험한 요소로서 바울은 절반 가량을 이 문제를 위해 할애하였다(3:1-4:6).

4. 골로새의 무대

본서의 수신지인 골로새(Colosse)는 로마의 속주인 브루기아도의 한 도시로서 라오디게아, 히에라볼리와 더불어 소아시아 서남쪽의 류커스(Lycus) 계곡에 위치해 있다.

본래 이곳은 동서교통의 요지로서 번창했으나 계곡 하류에 위치한 다른 두 도시의 급속한 발전으로 바울 당시에는 옛 번영의 자취만 남아 있었다. 이 교회는 바울의 동역자인 에바브라에 의해 설립이 되었는데, 바울은 이곳을 방문한 적이 있었다(2:1).

바울의 문안인사

골로새서 1장 1-2절

골로새서를 지배하고 있는 사상은 그리스도론이다. 그리고 이단을 경계하라는 것이 서신서의 요지이다. 본서는 그리스도의 신분과 성역을 논하는 교리편(1-2장)과 그리스도 안에 있는 생활을 논하는 실천편(3-4장)으로 되어 있다.

본서는 서신의 격식을 따라 송신자-수신자-문안의 순서로 되어 있다. 그리고는 그의 서신에서 대부분 전통적인 감사와 기원을 한다. 즉 그것은 로마서처럼 정중을 극하지도, 데살로니가전·후서처럼 간략하지도 않고, 간단하면서도 예의와 위엄을 갖춘 서신이다. 본서는 시작부터 에베소서와 거의 같다. 이것이 양서가 동시에 저작된 것을 표시하는 것이다.

1. 송신자 - 바울과 디모데(1절)

1절은 편지의 격식을 따른 송신자의 자기 소개이다. 바울의 서신 중 목회서신을 제외하고는 거의 자기 이름과 다른 동역자의 이름과 같이 쓰고 있다. 로마서와 에베소서는 예외로 단독으로 그 이름을 표시한다.

"**하나님의 뜻으로.**" 이는 사도권의 출처를 밝히는 것으로, 바울은 그리스도인을 박해하다가 다메섹 도상에서 주님의 부름을 받아 사도가 되었다. 그의 사도직은 신적(神的) 기원이었다(행 9:26-30). 또 안디옥교회에서 안수를 받음으로써 사명을 받았다(행 13:1-3).

"**형제 디모데.**" 디모데(하나님의 영예)는 고린도후서, 빌립보서, 데살로니가전서, 빌레몬서의 서두에 언급된다. 디모데는 루스드라에서 바울을 처음 만나 동행하면서 사역하였다(행 16:1; 고후 1:19). 디모데는 골로새교회를 설립하였고(Ramsay), 본서를 기록하였다(Ewald).

2. 수신자 – 골로새에 있는 성도들(신실한 형제들)(2절)

"**골로새에 있는 성도들.**" 성도(聖徒)는 '**하기오이스**' (άγίοις)로 '**하나님께 바친 자**', '**구별된 자**', '**거룩한 자**' 이며 이는 세속적 영역으로부터 구분된 사람을 말한다.

이는 신자에 대한 최상의 표현이다. 모든 교인들은 성도로서의 자의식을 가지고 구별된 삶을 살아야 한다. 구약에서 성도는 선민(選民)으로 삼은 것을 표시하는 말이다. 성도는 두 가지 삶의 영역에서 살아야 한다. 하나는 세상의 영역이고, 하나는 믿음의 영역이다. 전자를 무시하면 열광주의가 되고, 후자를 무시하면 세속주의가 된다. 성도는 세상을 살되 하늘의 영광을 바라보고 살아야 한다(3:1).

"**신실한 형제들.**" 이는 '**성도**' 의 대구가 되어 전자의 신앙적인 것에 후자의 인격적 요소를 가미한 말이다. 믿음이 투철하여 하나님과 교회 그리고 성도에게 충성을 다하는, 그야말로 성별된 신실한 신앙인을 말한다.

3. 축복의 선언(2절)

"**우리 아버지 하나님으로부터.**" 주 예수 그리스도를 말하지 않고 부성만을 강조하고 있는 것이 특이하다. 그러나 아들을 전제하고 있다(1:3).

"**은혜와 평강.**" 전자는 헬라식의 인사로서 '**카리스**' ($χάρις$)로 기쁨을 말하는데, 실로 기쁨 또는 즐거움은 헬라인의 추구의 대상이었다. "**신약성경에서 은혜라는 낱말보다 더 깊은 말은 없다. 이 낱말은 도저히 정의할 수 없는 깊은 의의를 지니고 있다**"(Robertson).

후자 '**에이레네**' ($εἰρήνη$)는 구약의 '샬롬'으로 평화를 뜻한다. 히브리어 샬롬은 단지 외적인 평화 상태만이 아니라 내적 평화로서 하나님과 화목함으로 가지는 심적인 안정을 가리킨다.

이 편지의 서문은 단순히 인사말에 그치지 않고 하나님의 임재를 기정사실화하는 구약성경의 축복문의 성격을 띠고 있다(O' Brien). 늘 축복을 비는 성도로 살아가시기를 간절히 기원한다.

목회자의 소원(기쁨)

골로새서 1장 3-8절

인사에 이어 감사의 기도를 드리는 것은 바울서신의 통례이다. 그가 교회에 보낸 공서신(갈라디아서 제외)에는 반드시 감사의 말이 먼저 나온다.

그는 모든 교회에 편지를 쓸 때 감사의 조건을 먼저 발견하여 기도할 조건을 먼저 확인하였다. 감사를 잃어버리면 불행해진다. **"산 개가 죽은 사자보다 낫다"**(전 9:4)고 했듯이, 성도는 삶 속에 감사를 습관화해야 한다. 감사와 기쁨으로 사는 사람이 행복하다. 삶의 낙관주의는 강한 믿음과 신념에서 나오는 것이다.

목회자의 행복과 기쁨은 무엇인가? 성도들이 믿음을 따라 살고, 만족해하며, 잘되는 것을 보면 스스로 행복해지는 삶이다.

1. 믿음과 사랑의 생활(3-4절)

"기도할 때마다." 이는 **'항상'**을 뜻한다. 즉 **'항상 기도하면서 감사한다'**는 뜻이다. 감사가 빠지면 온전한 기도가 아니다. 감사야말로 응답받는 조건이다.

"하나님 곧 우리 주 예수 그리스도"(3절), **"성령 안에서"**(8절). 여기에 성삼위 하나님을 언급하고 있다. **"예수 안에 너희의 믿음."** 신앙자의 제1요소이다. 믿음으로 구원받는 것이 아니고 예수를 믿는 믿음에 구원이 있다. 구원자가 강조되지 않는 믿음은 아무런 의미가 없다(이동원).

"모든 성도에 대한 사랑." 신앙자의 제2요소이다. 주님이 믿음의 대상인 것처럼 모든 사람은 사랑의 대상이다(이상근).

성도는 모든 사람을 사랑해야 한다. **"사랑은 믿음의 열매요 참 증거이다"**(Carson). 주님께 대한 믿음, 사람을 대하는 사랑, 영생에 대한 소망, 이 세 가지를 구비해야 참된 신앙이다(이상근).

2. 소망의 생활(5절)

4-5절에서 바울은 감사의 근원을 말한다. 골로새교회는 믿음, 사랑, 소망의 3요소를 다 갖추고 있었다(살전 1:3).

"너희를 위하여 하늘에 쌓아둔 소망으로 말미암음이니." 신앙자의 3요소이다. 소망은 믿음과 사랑과 더불어 신앙자의 요소이다. 소망은 유일한 삶의 근거이다.

단테의 《신곡》에 보면 지옥 입구에 **"일체의 희망을 버리라"** 는 글귀가 새겨져 있다. 모든 희망이 단절된 세계, 그곳이 바로 지옥이다. 예수님을 믿는 소망은 하늘에 쌓아둔 소망으로, 흔들릴 수 없는 영원한 소망이다. 복음의 진리는 참다운 가르침과 사이비 교훈을 구별해주는 진리의 척도가 된다.

"하늘에 쌓아둔" 이란 하나님의 나라에 간직해둔, 성도가 받을 모든 영광과 특권을 말한다. "그것은 모든 원수와 슬픔이 도달할 수 없는 곳에 저축해 두고 보존되어 있는 것이다"(Wilson).

3. 열매 맺는 생활(6-8절)

"**열매를 맺어 자라는도다.**" 복음은 열매를 맺고 자라게 하는 능력이 있다. 선교와 복음의 확장을 의미하는 것으로, 선교는 사랑의 행위에 의해 성공한다. "**이는 자라고 열매를 맺음으로 복음이 어디에서 전파되든지 살아 있는 능력적인 발전을 한다**"(Meyer). "**복음은 그냥 존재하는 것이 아니라 성장과 활동 안에서 사건이 된다**"(Hoppe). 씨앗에 새생명의 기운이 들어 있는 것처럼 복음 안에도 생명 창조의 능력이 들어 있다.

"**에바브라에게 너희가 배웠나니.**" 에바브라는 골로새 태생으로(4:12), 바울과 함께 옥에 갇히기도 하였다(몬 1:23).

"**그는 너희를 위한 그리스도의 신실한 일꾼이요.**" "**너희를 위한**"이라는 구절은 공동번역에 "**우리를 대신하여**"라고 기록하고 있다. 그는 골로새 교인들을 위하여, 골로새에 갈 수 없는 바울을 대신한 것이다. 이런 의미에서 에바브라는 바울의 동역자이다. 이를 바울 자신에게, 그리고 그리스도에게 소급하여 설명하고 있다(Carson).

최고, 최상의 기도

골로새서 1장 9-12절

요한복음 3장 16절에는 9가지 최고가 기록되어 있다.
"**하나님이**(최고의 애인), **세상을**(최고의 숫자-모든 인류), **이처럼 사랑하사**(최고의 무제한의 사랑), **독생자를**(최고의 선물), **주셨으니**(최고의 행위), **누구든지**(최고의 초청), **그를 믿는 자마다**(최고의 단순함), **멸망하지 않고**(최고의 해방), **영생을 얻으리라**(최고의 소유와 행복)." 하나님이 예수님을 통한 아홉 가지 최고를 총동원하였다.

우리는 세상에서 가장 큰 복을 받는 자로서 하나님 앞에 바울처럼 최고, 최상의 기도를 드려야 한다. 성도는 신령한 지혜가 계발되어 진위(眞僞)를 구별하며 성도의 영적 성장과 감사의 생활에 이르도록 기쁨과 감사로 기도해야 한다.

1. 하나님의 뜻을 알게 하옵소서(9절)

"**모든 신령한 지혜와 총명에.**" '**신령한**' 은 영적인 것을 말한다. 공동번역은 이를 "**성령께서 주시는 모든 지혜와 판단력**"으로 번역하고 있다. 분명 지혜와 총명은 성령의 역사의 선물이다.

"**하나님의 뜻을 아는 것으로 채우게 하시고.**" 성령께서 주시는 지혜와 총명은 하나님의 뜻을 아는 데까지 나아가야 비로소 의미를 가진다. **'안다'** 는 것은 본서에 4회, 에베소서에 2회, 빌립보서에 2회 나타나고, 신령한 지식을 말한다(Lightfoot). 즉 피상적인 인식이 아니라 근본적인 인식을 말한다. 이 지식은 하나님의 요구, 하나님의 뜻을 깨달아 행하는 것이다. 그리스도인들이 지닐 온전한 지식이다(O'Brien).

2. 주님께 합당하게 하옵소서(10절)

10-12절에서는 성도의 생활을 위한 기도로서 기도의 기본원리, 즉 기초를 말하고 있다. **"주께 합당하게 행하여."** 이것은 기독교의 지식이 지식 그 자체를 목적으로 하는 것이 아니라 신앙적 행실을 지향하는 것이다(Lightfoot). 행함을 목적으로 하는 중요한 요청이다.

"범사에 기쁘시게." 구체적으로 주를 기쁘시게 해드리는 것은 선한 열매를 많이 맺어드리는 것이다. 열매를 맺는 것은 성도의 생활의 특색이다. 열매를 맺는 것은 그 속에 생명이 있다는 증거로서(요 15장), 생명을 떠난 지식은 이론과 분규를 일으키는 데 지나지 않는다. 선행의 열매를 맺는 것은 인간의 힘만으로는 불가능하다.

3. 오래참음에 이르게 하소서(11절)

"영광의 힘", **"모든 능력."** 힘을 나타내는 두 가지 낱말이다. 능력의 근원이 하나님께 있다는 것과 지속적으로 받아야 함을 나타낸다. 영광의 힘은 인간의 지식으로 불가능하고 초월적 능력에서 오는 하나님의 능력이요 환난 중에서도 기뻐할 수 있는 능력이다.

"모든 견딤과 오래참음에 이르게 하시고." 견딤은 '휘포모넨' (ὑπομονήν)으로 정해진 목표지점을 향해 고난을 무릅쓰고 정진하는 것을 말한다(히 12:1). 오래참음은 '마크로뒤미안' (μαχροθυμίαν)으로, 무거운 짐에 눌리거나 실패를 당하여도 좌절하지 않고 밀고 나아가는 불굴의 투지를 뜻한다. 이 두 가지가 합해지면 그리스도인의 완전한 인내(忍耐)가 된다.

4. 늘 감사하게 하소서(12절)

본절의 요지는 감사이다. 주께 합당한 성도의 생활의 마지막 조건은 하나님께 감사하는 것이다. 바울은 친히 먼저 감사했고(8절), 골로새 교인들이 감사하는 자가 되도록 기도드린다.

"**성도의 기업의 부분을 얻기에 합당하게.**" 유대인들이 얻은 가나안 땅은 육적인 기업이지만, 성도들이 받을 분깃은 영적인 기업이다. "**합당하게**"는 '**충분하게**', '**적절하게**'를 뜻한다.

"**감사하게 하시기를 원하노라.**" 감사는 '**열매맺음**', '**자라남**', '**능하게 됨**'에 이어지는 덕목으로 성도의 필연적인 삶의 양식이다. 우리는 영 죽어 지옥에 떨어져야 할 존재들이지만, 하나님 사랑으로 하나님의 나라의 백성이 되었으므로 늘 감사하며 살아야 한다.

예수 그리스도의 신분

골로새서 1장 13-17절

드디어 교리 문제로 그리스도론을 다룬다. 당시 골로새에 침입해 오던 혼합주의적 이단신관을 상대하여 바울은 철저한 그리스도론을 다룬다. 본서의 그리스도론은 사도 요한처럼 먼저 그의 선재, 창조 등 피조물과의 관계를 논한다(15-17절).

그리고 한 발 다가가서 교회와의 관계를 밝힌 후(18-20절), 그의 화목(和睦), 곧 하나 됨을 강조하고 있다(21-23절). 주님은 제자들이 하나가 되도록 기도하셨고(요 17:11), 성경에는 둘이 없으므로 하나가 되라고 하셨다(엡 4:1-6; 롬 15:6; 고전 10:17, 12:13).

육체의 열매는 원수 맺는 것, 분냄, 당짓는 것, 분열이다(갈 5:19-21). 본문은 주님의 신분에 대해 말씀한다.

1. 속죄주(13-14절)

골로새서는 예수가 곧 속죄주가 되심을 강조하는 것이 기록 목적이다. 속량(贖良救, 14절), 창조(創造, 16절), 만물(萬物, 17절), 교회(教會, 18절)라는 단어들이 그리스도의 주권을 나타내는 핵심단어들이다. 그가 오사 사단의 권세(흑암)에서 속량하여 그의 사랑의 아들의 나라로 옮기셨다.

"**사랑의 아들의 나라.**" 이는 종말적 하나님의 나라보다 마음에 현존하는 하나님의 나라이며(요 3:3-5), 인간의 마음을 다스리는 그리스도의 주권적 통치를 의미한다(Vaughan).

"**건져내사**", "**옮기셨으니**"는 모두 부정과거형으로, 한 번 됨으로써 영원히 된 결정적인 사건을 말한다(이상근). "**속량 곧 죄사함을 입었도다.**" 속량은 노예나 포로를 금전적인 대가를 치르고 해방시킨 것을 의미한다.

즉 흑암의 권세에 매여 종 노릇 하던 우리들을 그리스도의 핏값으로 얻었음을 말해준다. 성도는 예수님의 피의 공로를 믿음으로 구원을 얻는다.

2. 만유의 근본(15, 17절)

"**하나님의 형상이시요.**" 이것은 그리스도가 불가시적인 하나님의 분명한 보여주심을 말한다. 이는 하나님의 본질에 대한 표현이다. 그의 실체, 본성, 영원성에 있어서 성부와 동등성을 갖는다는 뜻이다. "**모든 피조물보다 먼저 나신 이시니.**" 이는 "**모든 피조물보다 먼저 계신 자니**"라고 바꾸는 것이 타당하다. 예수님은 하나님께서 만물을 창조하시기 전에 먼저 계신 분이다.

17절에 "**만물보다 먼저 계시고**"는 그리스도의 선재(先在)를 가리키는 말이다(요 1:1, 8:58). 그리스도는 만물의 일부가 아니며, 창조물과는 엄연히 구별된 존재이다. 16절은 너무나도 명확하게 보여주고 있다.

"**만물이 그 안에 함께 섰느니라.**" 그리스도는 만물의 통일의 원리이며 모든 피조물을 유지하고 섭리하는 분임을 나타낸다. 모든 우주의 혼돈 대신 조화를 가져다주는 응집의 원리이다(Lightfoot).

3. 절대자(16절)

"그에게서", "그로 말미암고", "그를 위하여." 모두 그리스도가 창조의 실제적 주역임을 말해준다. 첫째는 범위, 둘째는 방법, 셋째는 목적을 말한다.

첫째는 만물이 〈그 안에서〉 지음을 받았다는 것으로 이는 하나님의 천지창조가 그의 지배하에서 이루어졌다는 뜻이다(Lange). 둘째 〈그를 통하여〉는 그로 말미암아 창조된 사실을 말한다(요 1:3). 셋째 〈그를 위하여〉는 그가 창조의 목적인 것을 밝힌다.

"**하늘과 땅에서 보이는 것들과 보이지 않는 것들과.**" 문자 그대로 천상지상(天上地上)의 만물이다. 보이는 것은 물질계, 보이지 않는 것은 사람의 영혼이나 사랑, 정서 등을 말한다.

"**왕권들이나 주권들이나 통치자들이나 권세들이나.**" 이는 골로새 교회 이단자들의 사상 체계에서 천사 계급을 나타낸 것이다(Vaughan). 천사는 절대로 숭배의 대상이 되지 못한다. 그리스도만이 경배의 대상이 된다.

예수님의 교회사역

골로새서 1장 18-23절

기독교는 피의 복음이다(히 9:22). 이 피는 평화의 매체이며(계 1:5), 용서의 필수조건이다(골 1:20).

프랑스령 코르시카 섬의 사순절 십자가 행진에 십자가를 지겠다고 예약한 사람이 무려 80명이라고 한다. 한 해에 2명씩 진다고 하니 40년이 예약이 되어 있는 것이다. 그들은 십자가를 지고 모랫길을 걸으며 예수님의 고통을 깊이 체험할 수 있다고 한다. 실로 성찬(聖餐)은 예수님의 평화의 잔치에 참여하는 대단한 잔치를 말한다.

예수님은 엄청난 피의 공로 때문에 교회의 머리가 되신다(엡 1:7). 만물 위에 교회가 있고, 또 교회 위에 그리스도가 지배하신다고 보는 것이 바울의 우주관이요 또한 교회관이다.

1. 교회의 머리(18-19절)

"**그는 몸인 교회의 머리시라.**" 성도들은 교회를 이루고 그 교회는 몸으로서 그리스도를 머리로 한다. 첫째, 그리스도와 교회는 매우 긴밀한 유기적 관계를 갖는다는 뜻이다. 생명을 공급받는 것이다.

둘째, 그리스도는 교회의 주권자로서 절대적 지배권(支配權)을 갖는다는 것이다(롬 12:4-5; 고전 12:12-27). 머리는 몸의 가장 중요한 부분이요, 지배하는 부분은 동시에 생명과 의지의 중심이요, 나아가서 이 두 부분은 연결됨으로 피차 생명을 유지하는 것이다.

"**그가 근본이시요 죽은 자들 가운데서 먼저 나신 이시니.**" 예수님이 죽은 자들 가운데 최초의 부활자이며(고전 15:20), 부활의 기반이라는 뜻이다. 교회는 그리스도가 근본이다. "**으뜸**"은 '**케발레**'($\chi\epsilon\phi\alpha\lambda\eta$)로 만물과의 차별적 우월성을 말하는데, 이 차별성은 상대적 차이가 아니라 절대적 차이를 말한다.

2. 화평의 주(20-22절)

"**십자가의 피로 화평을 이루사.**" 앞부분에서 그리스도가 만물의 근본인 것을 말하고, 여기서는 그가 만물의 중보자인 것을 밝힌다. 그의 중보(仲保)의 방법은 십자가에 흘린 보혈이었다.

단순한 중재가 아니라 자신을 제물로 바쳐 피흘림으로써 이루어진 사건이다. 예수님은 모든 피조물(땅의 것, 하늘의 것)들이 자기와 화목하기를 원하셨다(Calvin). 기독교는 화평의 복음이다(마 5:9). 모든 만물, 모든 인간들이 자기와 화목하기를 소원하신다. 예수님의 화해의 효력은 무제한적이다.

"**그 앞에 세우고자 하셨으니.**" 주님의 화목은 궁극적으로 사람들을 거룩하고 흠 없고 책망할 것이 없는 모습으로 하나님 앞에 서게 하려는 것이다. 현재적이지만 미래의 완성을 지향하는 개념이 되어야 한다. 화목은 날마다 모든 사람들에게 복음을 전하는 것이다. 성도는 평화를 만드는 사람이다.

3. 믿음의 주(23절)

"**너희가 믿음에 거하고.**" 주님 앞에 책망받을 것이 없이 서는 방법을 제시한다. 첫째, 거하라. 믿음의 기초 위에 붙어 있으라는 말이다. 둘째, 굳게 서라. 믿음의 튼튼한 집으로 지으라는 뜻이다. 셋째, 소망에서 흔들리지 말라. "**복음에서 신자에게 주어진 메시아 왕국에서의 영생에 대한 소망에서 흔들리지 않는 것이다**"(Meyer).

우리가 주를 섬기고 수고하면 결코 헛되지 않는 상급을 받는다(고전 15:57-58). 그러므로 절대로 선을 행하다가 낙심하지 아니하면 반드시 심은 대로 거둔다(갈 6:7-9). 사람이 선을 행하다가 낙심하는 이유가 무엇인가? 미래의 소망을 믿지 못하기 때문이다. 절대 믿음과 소망에서 흔들림이 없어야 한다.

바울은 이 〈**소망의 복음**〉을 천하 만민에게 전하기 위해 복음의 일꾼으로 부름을 받았다. 우리 주님이 재림하여 우리를 심판하시는 날, 우리는 믿음의 보상을 받게 될것이다.

교회 일꾼의 사명

골로새서 1장 24-29절

본문에서는 바울의 사명을 말한다. 그는 이단(異端)과의 논쟁을 하는 중간에서 자기가 복음을 위해 받는 사명과 자기와 골로새교회와의 관계를 언급하고 있다. 그래야만 복음이 그들에게 들려지기 때문이다.

예수님은 '**아멘**'을 애용하셨다. 아멘은 진실의 뜻이다. 주님은 말씀의 중요성을 나타내실 때 "**진실로 진실로**"라고 거듭 사용하셨는데, 이 '**2중 아멘**'이 요한복음에 24회나 나온다. 말씀의 진실성이 강조된 것이다.

성도는 교회의 일꾼의 사명을 부여받았다. 그리스도인은 진실성이 고조(高調) 되어야 한다. 진실성을 잃어버리면 교회의 일꾼이 될 수 없다.

1. 하나님의 말씀을 이루는 사람(24-25절)

"**이제.**" 서두에 나타나는 것이 강조적이다. "**하나님의 긍휼의 풍성함을 생각하는 이제, 그의 크신 사업에 참여하는 영광을 바라보는 이제, 나의 슬픔이 기쁨으로 변한다**"(Lightfoot).

"그리스도의 남은 고난을 그의 몸 된 교회를 위하여 내 육체에 채우노라." 그리스도의 고난이란 그의 몸이신 교회에 대한 고난이기에, 바울은 교회를 위하여 고난을 당한다는 것이다. "**내게 주신 직분을 따라 하나님의 말씀을 이루려 함이니라.**" '**이룬다**' 는 '**플레로사이**' ($\pi\lambda\eta\rho\bar{\omega}\sigma\alpha\iota$)로, '**채우다**', '**왕성하다**', '**전달하다**' 는 뜻이다. "**직분을 따라.**" 이는 하나님의 말씀을 전파하는 사명을 말한다.

하나님이 바울에게, 우리에게도 직분을 주셨다. 여기에 그의 감격이 있었고, 충성이 있었고, 백절불굴(百折不屈)하고 모든 고난에 견디고 이긴 원동력이 되었던 것이다.

2. 사람을 세우는 사람(26-28절)

"**비밀**"은 하나님의 말씀(25절)을 표현한 것이다. 27절에서 그 비밀을 "**그리스도**"라고 밝힌다. 그 비밀이 감추어져 있었으나 그의 종들을 통해 나타났고(단 2:19, 28-29), 이제는 이스라엘 민족만이 아니라 택함받는 이방인들까지 분명하게 드러났다(Carson).

이제 바울의 사명을 말하는 결론이다.
첫째, "**우리가 그를 전파하여.**" 그리스도를 전파하는 것이 바울 그의 사명이었다(고후 4:5). 둘째는 "**각 사람을 권하고 모든 지혜로 각 사람을 가르침은.**" 그의 사명은 복음전파의 이행이다. 이 지혜는 인간의 지혜가 아니라(고전 1:7), 하나님으로부터 받은 지혜이다. "**전도의 방법에 대한 이 명세서**(明細書)**는 복음 전파의 2대 요소인 회개와 신앙과 일치한다**"(Meyer).
셋째, "**각 사람을 그리스도 안에서 완전한 자로 세우려 함이니.**"

그의 사명의 목적이다. 성도의 사명은 사람을 완전하게 세우는 데 있다. 각 사람을 거룩하고 흠 없고 책망할 것이 없는 자로 세워야 한다 (엡 5:27).

3. 성령의 능력으로 최선을 다하는 사람(29절)

아름다운 결론이다. 여기에 하나님의 힘과 사람의 힘이 혼연일체가 되어 교회를 세우는 아름다운 모습을 본다. 권면과 가르침은 교회 됨의 중요한 사명이다.

"내 속에서 능력으로 역사하시는 이의 역사를 따라" 에서는 '**능력으로**', '**역사하시는**', '**역사를 따라**' 동의어를 3중적으로 반복하면서 주님의 능력을 강조한다. 우리가 하나님의 일을 하는 근거는 성령의 능력에 있다. 그러므로 주의 일을 하려면 하나님의 능력을 받아야 한다.

"힘을 다하여 수고하노라." 여기서 힘을 다한다는 것은 모든 에너지가 소진될 때까지 최선을 다한다는 말이다. 여러분은 예수님의 이름 때문에 고난을 받은 적이 있는가? 나의 생명을 자기 피로 살리시고 영생을 주신 그분을 위하여 고난을 감수해야 한다. 특별히 전도하다가 매맞고 욕을 당해도, 주님 이름 때문에 잘 참고 이겨서 주님께 영광을 돌려야 한다.

신앙생활의 방법

골로새서 2장 1-7절

사람은 착각하다가 생을 마칠 수가 있다. 참 가치는 보이는 것에 있지 않고 보이지 않는 것에 있다.

우리의 소속은 이 땅이 아니고 천국이다. 그러므로 땅을 향하여, 땅에 속한 것에 몰두하지 말고 저 높은 곳을 향하여 올라가는 삶을 살아야 한다. 우리가 갈 곳은 땅의 것과 비교할 수 없는 오직 하나님의 나라이다. 그러므로 바울처럼 교회를 사랑하고, 성도를 사랑하는 일에 힘써야 한다.

우리는 이 땅에서 이단의 유혹을 많이 받는다. 그러나 우리는 탁월하신 그리스도의 자녀로서 그리스도께서 남기신 고난을 우리 육체에 채우고 부단히 믿음으로 천성을 향하여 나가야 한다.

1. 그리스도를 깨달아야 한다(1-3절)

"내 육신의 얼굴을 보지 못한 자." 바울은 골로새를 방문한 적이 없다. 그 교회는 에바브라가 설립한 것으로, 주님을 믿는 자들로 에바브라가 사역한 히에라볼리 사람들을 가리키는 것이다(Hendricksen).

바울의 심려는 이단이 침입하여 교회가 분열의 위기에 있기 때문에, 오로지 골로새, 라오디게아, 히에라볼리교회 모든 성도들이 진리에 굳게 서기를 간절히 고대하고 있다.

내용은 첫째, **"위안을 받고"** —단순한 위로가 아니라 흔들리는 마음을 바로 잡아주는 것을 말한다(Vaughan). 둘째, **"사랑 안에서 연합하여"** —바울의 영적 투쟁의 목적은 성도들이 사랑으로 서로 연합하여 바로 서서(3:14) 거짓 교훈에 강력하게 대항하려 함에 있다.

셋째, **"확실한 이해"** —이해는 '**통찰력**' 을 말한다. 성도는 주 안에서 드러난 주님의 비밀을 깨달아야 한다.

2. 질서 있게 살아야 한다(4-5절)

"아무도 교묘한 말로 너희를 속이지 못하게 하려 함이니." 이제는 노골적으로 이단에 대한 경고를 하고 있다. 앞선 구절에 하나님의 비밀인 그리스도 안에 있는 지혜와 지식의 보화를 개진하는 것은 이단 사상의 속임에 빠지지 않게 하려 함이었다.

"교묘한 말" 은 설득하려는 말로서 '**속이다**' 라는 말과 동일한 의미로 사용되었다(Lightfoot). 거짓교사들은 성도들을 미혹하여 주를 떠나게 하기 위해서 자신들이 알고 있는 궤변을 진실처럼 가장하여 현혹시킨다.

"너희가 질서 있게 행함과 그리스도를 믿는 믿음이 굳건한 것을 기쁘게 봄이라." **"질서있게"** 는 '**탁신**' ($\tau\acute{\alpha}\xi\iota\nu$)으로 군대에서 군인들의 절도 있는 생활을 뜻한다. 성도는 분열됨이나 흐트러짐 없이 강력하게 맞서야 한다. 목회자는 성도들이 교회와 연합하여 믿음을 건실하게 지키는 것을 보고 기뻐한다.

3. 그리스도 안에서 행해야 한다(6-7절)

"**그리스도 예수를 주로 받았으니.**" '그리스도, 예수, 주' 세 가지 중요한 낱말이 나타나고, 또 셋이 혼연히 하나가 되어 그리스도의 특별한 인격을 표시한다. "**그 안에서**"는 그리스도와의 신비로운 결합을 말하는 바울의 기본사상을 가리킨다.

"**그 안에 뿌리를 박으며 세움을 받아……믿음에 굳게 서서 감사함을 넘치게 하라.**" 특색 있는 4가지 동사로서 강력한 권면을 준다. 또한 이 네 가지 동사는 전부 분사형으로 계속적인 생명의 동작을 묘사하고 있다.

"**뿌리를 박으며**"는 이미 완료된 기정사실이며, "**세움을 받아**", "**굳게 서서**", "**감사함을 넘치게**"는 현재형 분사로서 그 동작이 계속되어야 할 것을 가리키고 있다. 그리고 처음 셋은 전부 수동태로서 하나님의 은혜를 받는 수동적인 신앙태도를 나타내고, 마지막 감사를 넘치게 하는 것은 능동태로서 그 은혜에 대하는 성도의 감사의 호응을 말한다.

이단을 조심하라

골로새서 2장 8-15절

믿음의 기준은 오직 성경이다. 성경적 진리를 떠나 반대되는 이론을 주장하는 자들, 진리와 다른 것을 사이비나 이단(異端)이라고 한다.

이단의 성경적 개념은 하나님의 뜻을 거부하거나, 진리를 거스른 이론을 주장하는 자들, 하나님이 싫어하는 삶의 행위를 주장하는 자들이다. 바울은 지금까지 그리스도론의 참 진리를 논한 후 이제는 대조적으로 이단에 대한 경계를 질책한다.

우리는 인본주의, 율법주의, 비성경주의들을 경계해야 한다. 이 땅에 동정녀 마리아에게서 난 자가 아닌 모든 자들이 다 이단이다. 우리는 성경 외에 어떤 유혹도 받지 말아야 천국에 갈 수 있다.

1. 그리스도 중심으로 살아라(8-11절)

"누가 철학과 헛된 속임수로 너희를 사로잡을까 주의하라." 이는 교묘한 말로 속이는 자들에 대한 설명이다. 철학은 교묘한 말로 진실한 믿음을 희석시킨다. 철학과 헛된 속임수는 진리의 말씀인 복음과 대조되는 개념으로 이탈시키려 하는 영지주의 철학을 가리킨다. 여기에 두 가지로 정의한다.

첫째, 사람의 전통은 사도적 전승(6절, 1:7)의 정반대 되는 것으로 하나님의 계시가 아닌 인간들이 꾸며낸 거짓 교훈을 가리킨다(막 7:8; 벧전 1:18).

둘째, 세상의 초등학문(스토이케이아, στοιχεια)은 세상을 지배하는 악한 영들과 마귀, 또는 종교적 지식의 미숙한 상태를 가리키는 것이다(O'Brien, 갈 4:3).

"**그리스도의 할례**"는 그리스도께서 당하신 할례, 즉 그리스도의 죽으심과 부활을 가리킨다(Bruce). 십자가와 부활을 통한 영적 할례를 말한다(Schweizer).

2. 세례를 믿으라(12-13절)

"**세례로 그리스도와 함께 장사되고.**" 구약은 그림자요, 신약은 그 성취이다. 그러므로 구약의 할례도 신약의 세례에서 그 본의가 성취된 것이다. 세례란 그리스도와 함께 죽고 그리스도와 함께 사는(갈 2:20) 중생의 표적이다.

세례를 받는 사람은 그리스도와 운명(殞命)을 같이하는 사람들이다(조경철). 예수는 우리를 위하여, 우리는 주를 위하여, 여기서 충성을 다하고, 미래 구원을 향한 종말론적 희망으로 새 사람에 부응하는 현재적인 삶의 원동력이 세례이다.

"**육체의 무할례로 죽었던 너희를.**" 세례를 받는 것에 대한 능력을 말한다. 골로새 지방에 율법주의적 경향이 있어, 이방인도 할례를 받아야 구원을 받는다고 주장하므로, 무할례자인 우리도 세례를 받음으로 구원을 받는 도리를 밝힌다. 그리스도인의 삶이란 오직 그리스도 안에서 다시 사는 것을 말한다.

3. 십자가의 능력으로 살아라(14-15절)

"우리를 거스르고 불리하게 하는 법조문으로 쓴 증서를 지우시고." 범죄로 죽은 자들을 살리는 방법을 논한다. 여기서 구원은 율법에서, 구원자는 그리스도, 그 방법은 주님의 십자가의 죽음이다.

"법조문으로 쓴 증서" 란 손으로 쓴 것을 뜻하며 차용증서 같은 데 서명(署名)하여 의무를 표시하는 것을 말한다. **"법조문"** 은 복수로서 많은 의문이 이 증서에 적혀 있는 것을 나타낸다(이상근).

"통치자들과 권세들을 무력화하여." 이는 적대적인 초자연적인 존재들, 즉 악한 천사들을 의미한다(엡 6:12). **"십자가로 그들을 이기셨느니라."** 예수님의 십자가로 악한 천사들의 권세를 패배시키시고, 율법을 다 이루셨고, 사단의 권세를 꺾어 버리셨다.

십자가는 성도들의 승리의 최후 보장이다. 우리는 그리스도와 연합하여 살기 때문에 주님이 십자가에서 승리를 거둠으로 승리자의 자리에 동참하게 된다.

성도를 바로 세우라

골로새서 2장 16-23절

벨기에의 수도 브뤼셀에는 〈소변분수〉가 있다.

오래 전 브뤼셀에서 전투가 벌어져 양군이 심한 총격전을 벌이고 있는데, 벌거벗은 한 꼬마가 총격전의 한복판으로 뛰어들어 아무 일도 모르는 듯 소변을 보았고, 양군은 그 순간에 약속이나 한 듯이 총격전을 중지하고 그 꼬마의 생명을 구했다고 한다. 〈소변분수〉는 이것을 기념하기 위해 세운 기념비라고 한다. 치열한 전투 중에도 고귀한 생명의 소중함을 잃지 않으려 노력했던 군인들의 따뜻한 마음을 잘 읽을 수가 있다.

우리는 신앙생활을 하면서 교회와 성도를 바르게 세우고, 은혜롭게 관리할 줄 아는 성도들이 되어야 한다.

1. 비판하지 말라(16-17절)

"**먹고 마시는 것**." 성도는 율법주의와 형식주의에 얽매이지 말아야 한다. 율법에는 부정한 음식을 금하였고(레 11장), 나실인이나 제사장들은 주류를 금하였으며(민 6:3; 레 10:9), 신약 당시에는 우상의 제물이 논쟁거리였다(고전 8장).

이런 것들은 신앙생활에 참고는 해야 하지만, 구원의 조건이나 기준은 아니다.

"절기나 초하루나 안식일." 이 세 가지는 유대의 모든 성일(聖日)을 가리킨다. 절기는 거의 매월 있었으나 그 중에도 유월절, 오순절, 장막절 3대 절기가 있었다. 이 모든 절기들의 초점은 주님께 맞추어져 있으므로, 구약의 의식은 그림자에 불과하였다. 이제 성일은 주님의 부활로 인하여 토요일에서 주일로 변경이 되었다.

"비판하지 못하게 하라." 문자적으로 '심판하지 못하게 하라'는 뜻이다. 심판은 하나님만이 하실 수 있기 때문이다(롬 2:1-8).

2. 정죄하지 말라(18절)

"아무도 꾸며낸 겸손과 천사 숭배를 이유로." 골로새교회에 퍼져 있는 거짓 교훈에 대한 경고이다. '**꾸며낸 겸손**'은 위선적인 겸손을 말한다. 억지로 겸손을 가장하는 무리한 태도를 말한다.

이런 거짓 겸손은 천사숭배의 도구이지만, 참 겸손은 하나님께 바치는 향기로운 제물이다(이상근). 거짓교사들은 인간이 절대자이신 하나님께 경배드리는 것은 교만한 것이므로 그보다 못한 천사에게 경배해야 하며 그것이 곧 겸손한 행위라고 주장하였다(Lightfoot).

오늘날 천주교는 예수님께 직접 나아가기보다는 마리아를 통해 기도하는 것이 옳다고 주장한다. 그러나 성경은 예수님만이 우리의 유일한 중보자(仲保者)라고 말씀하신다(딤전 2:5).

"정죄하지 못하게 하라." 이는 '심판자로 행동하지 못하게 하는 것, 즉 죄로 판단하지 않도록 하라는 의미이다(Bruce).

3. 자라게 하라(19절)

"**온몸이 머리로 말미암아.**" 골로새교회 중 어느 거짓교사들은 교회의 머리가 되시는 그리스도를 붙들지 아니하고 도리어 천사(天使)들을 숭배하였다.

그들은 천사들의 머리가 되시는 예수님보다 천사들을 의지하고 그들에게 기도하였다(김수홍). 그들은 분명 이단(異端)이다. 몸은 곧 교회로서(엡 4:16) 교회의 구성원인 각 지체들이 머리되신 그리스도를 정점으로 하여 긴밀히 연합되어 있으며, 하나님께서 양육시킴으로 성장해 나가는 것이다(1:18).

몸이 머리에 붙어 있는 이유는 온몸이 머리로부터 영양분을 공급받아야 살기 때문이다. 교회(성도)는 주로부터 마디와 힘줄이 되는 지체들의 역할을 통하여 영양분을 공급받고 하나님이 성장하게 하심으로 나가는 것이다. 교회는 오로지 예수님의 통솔을 받아 어떤 유혹에도 현혹되지 말고 그리스도만을 붙잡고 복음 믿음만을 지켜 나가야 한다.

새 사람의 생활원리

골로새서 3장 1-4절

새 사람의 생명이란 주님과 함께 살고 함께 죽는 바른 관계를 말한다. 이것이 세례의 원리요 그리스도와 합일(合一)의 원칙이다. 이와 같은 새 생명은 현재는 주 안에 감추어져 있고, 장차 주께서 재림하실 때 그 완전한 영광을 나타낼 것이다.

사람의 삶 속에는 기본적인 사명이 있다. 라틴어에서 '**진실**'의 반대말은 '**거짓**'이 아니라 '**망각**'이라고 한다. 내게 주어진 한 번뿐인 인생을 진실되게 살려면 삶의 중요한 본질을 잊어 버려서는 안 된다.

나이가 아무리 많고, 필요한 것이 많아져도 구원받은 감격을 잊어서는 안 된다. 그러므로 우리는 늘 위의 것을 찾아 주를 위해 살아야 한다.

1. 구원의 감격을 누려라(1-2절)

"**그러므로.**" 이는 1-2장의 말씀을 받는 것을 말한다. "**그리스도와 함께 다시 살리심을 받았으면.**" 세례를 받은 때를 말한다(2:12). 예수님과 연합하여 새 생명을 얻었으니, 위의 것을 찾으라고 하신다. '**위의 것**'이란, '**영적인 것**' (박윤선)이나, '**하나님께 속한 본질적이며 초월적인 것**' (O'Brien)을 뜻한다.

이것은 성도들의 신앙의 절대적 조건이 된다. 1장 13절의 표현을 빌린다면 그의 사랑의 아들의 나라로 옮겨진 것이다. 그리스도인의 삶은 현세적인 삶을 무시하거나 외면해서는 안 된다. 현세의 삶의 책임자임을 잊어서는 안 된다. 구원의 확신은 항상 땅에서 그리스도를 심는 삶으로 이어져야 한다.

성도는 삶의 가치와 행동의 방향이 결정된 사람이고, 항상 위의 것을 찾는 삶을 살아야 한다. 위의 것이란 오로지 하나님을 바라보고 사는 삶을 말한다.

2. 새로운 생명으로 살아라(3절)

"**이는 너희가 죽었고.**" 위의 것을 찾고 생각해야 하는 첫 번째 이유이다. 부정과거형으로, 과거에 한 번으로 결정적인 사실이다. 골로새 교인들이 땅의 것을 생각하지 말아야 하는 것은 세례로 이미 죽었기 때문이다. 성도는 '**땅의 것**', 즉 옛 질서(old order)에 대해서 이미 죽었음을 시사한다(Lightfoot).

"**너희 생명이 그리스도와 함께……감추어졌음이라.**" 위의 것을 찾아야 할 두 번째 이유이다. "**감추어졌음이라**"(케크뤼프타이)는 현존의 현재완료시상으로 그리스도와 함께 얻은 생명의 효과가 지속적이고 영원한 것임을 나타내는 것이다(O'Brien).

그리스도로부터 얻은 생명은 그리스도의 재림 때까지 세상에 대해 감추어진 영원한 비밀이며, 그리스도 안에서 영원 전부터 하나님께서 세우신 목적이다(고전 2:14; 요 3:2). 그러므로 성도는 끊임없이 위의 것을 애착하고 찾아야 한다.

3. 영원한 생명을 사모하라(4절)

"**우리 생명이신.**" 이는 단순히 그리스도와 함께 생명을 공유하는 것이 아니라 그리스도가 우리의 영원한 생명이라는 뜻이다(Carson, 요 1:25-26). 즉 그리스도는 생명의 수여자로서 자신과 연합한 그리스도인들의 생명의 근원이 되신다는 뜻이다(Vaughan).

"**그리스도께서 나타나실 그 때에.**" 이는 예수님의 재림을 의미한다. 주님께서 심판의 주님으로 오시는 첫 번째 이유가 믿는 성도들에게 새 생명을 부여하시기 위함이다. 그러므로 그가 나타나실 때 우리도 완전한 생명(the full life)으로 나타난다. 이와 같이 나타나는 생명은 우리 생명의 성격에서가 아니라(Eadie), 그의 생명의 영화로운 성격일 것이다(Abbott).

이때 그리스도 안에서 새 생명을 가졌던 땅 위의 모든 그리스도인들이 땅 위에 살 때에는 감추었던 새 생명들이 영광 중에 나타나 예수님을 모시고 천년 동안 왕 노릇 하게 되는 것이다(계 20:4).

신령한 삶의 비결

골로새서 3장 5-11절

미국의 〈데일리뉴스〉의 예방의학전문가인 피터 한센 박사는 건강을 유지하는 3대 비결은 "**첫째, 균형잡힌 음식, 둘째, 규칙적인 운동, 셋째, 술, 담배, 과로, 수면부족 등 해로운 습관을 버리는 것이다. 그리고 이 세 가지가 건강을 지키는 50%이고, 나머지 50%의 건강 비결은 사랑이다. 사랑하면 몸이 건강해지고 마음에 행복을 느낀다**"라고 발표하였다.

성경 전체 1,754페이지를 총괄하여 한 단어로 표현한다면 그것은 바로 〈**사랑, Love**〉이다. 본문에 새 사람을 입는 방법은 오직 주님을 사랑하는 것을 말한다. 주님을 사랑하면 모든 것을 버릴 수 있고, 무엇이든지 할 수가 있다.

1. 땅에 있는 지체를 죽이라(5-6절)

"**땅에 있는 지체를 죽이라.**" 이미 '**죽은 것으로 여기라**' 로 해석하기도 한다(Bruce). 3절에서 바울은 이미 죽었다고 선포하였다. 우리는 죄에 대하여 죽었고 의인이 되었지만(롬 3:24), 현재의 삶은 죄와 투쟁하는 삶이다.

'**음란**' 은 성적인 죄이며, '**부정**' 은 음란을 포함한 더러운 행위들을 가리키고, '**사욕**'은 음란 외에 분노나 질투 같은 억제하기 어려운 감정적 욕망을 말한다. '**정욕**'은 불순종하게 하는 사악한 욕망을 말한다(Lohse). 그리고 '**탐심**'은 앞서 언급한 4가지 악과 상관성을 갖고 있으며(Sarson), 물질에 대한 무절제한 욕심을 의미한다.

"**하나님의 진노가 임하느니라.**" "**하나님의 진노를 부른 것은 저들의 지체가 아니라, 그 지체의 행위이다**"(Meyer). 진노는 하나님의 거룩한 분노를 가리키고, 그 분노의 결과는 심판이다(살전 1:10).

2. 부끄러운 말을 하지 말라(7-9절)

"**이제는 너희가 이 모든 것을 벗어 버리라.**" 이는 과거와 현재의 대조이다. 새 사람은 옛 사람의 행위를 버려야 한다.

첫째, 분함이다. 감정이 몹시 격하게 분출된 격노를 의미한다(Lightfoot). 둘째, 노여움이다. 심히 노하여 부재할 수 없는 감정을 말한다. 셋째, 악의이다. 이는 분쟁에서 사악한 태도에 이르는 모든 악을 가리키는 일반적인 용어이다(O'Brien). 넷째, 비방이다. 이는 중상모략을 의미한다(Lightfoot). 다섯째, 부끄러운 말이다. 음담패설이나(Bruce), 독설적인 말이다(Lohse).

"**서로 거짓말을 하지 말라.**" 위에서 다룬 10개의 악행을 종합적으로 금지하는 결론적인 요구이다. 거짓말은 불신사회의 보편적인 악덕이며, 또한 믿는 사람에게도 여러 모양으로 따라다닌다. 거짓은 모든 악의 근원이다. 성도는 복음을 증거하고 실천함으로 서로에게 덕(德)을 세워야 한다.

3. 하나님의 형상을 닮아라(10-11절)

"**새 사람을 입었으니.**" 옛 사람은 타락한 죄성을 가진 옛 본성을 의미하며, 새 사람은 주 안에서 소유하게 된 새로운 본성을 의미한다.

옛 본성은 수많은 악으로 가득 찬 생활인 반면(5, 8-9), 새 본성을 소유한 그리스도인은 그리스도를 닮아가는 삶을 살아가게 되는 것이다. 9절의 "**벗어 버리고**"와 10절의 "**입었으니**"는 그리스도와 연합하였을 때 발생하는 사건이다(2:6-7). 두 단어는 부정과거분사로서 과거의 결정적인 순간의 행위임을 시사한다(Lenski).

"**자기를 창조하신 이의 형상을 따라 지식에까지 새롭게 하심을 입은 자니라.**" 새 사람의 성결의 목표를 의미한다. "**창조는 한 번으로 영원히 하신 것이지만, 발전은 계속적으로 진행된다**"(Abbott). 주 안에서 구원받은 모든 성도들에게는 차별이 없다. 모든 사람이 구원을 받는데 있어서 인종적, 종교적, 교양적, 사회적, 남녀노소, 빈부귀천 등 모든 사람에게는 그 어떤 차이도 있을 수 없는 것이다.

새 사람을 입으라

골로새서 3장 12-17절

'노블레스'(Noblesse)는 '귀족', '오블리주'(Oblige)는 '책임이 있다'는 뜻이다. 따라서 '노블레스 오블리주'란 '사회지도층의 사회적 책무'라는 뜻이다.

로마의 귀족은 전쟁이 일어나면 자신의 재산을 사회에 환원하고 칼을 들고 전쟁터에 나가 피를 흘리며 싸웠다고 한다. 로마의 귀족들은 노예와의 차별성을 사회적 책임이행에서 찾았다. 1982년 포클랜드 전쟁 때 영국의 엘리자베스 여왕의 둘째인 앤드류 왕자가 헬기 조종사로 참전했다는 것도 **'노블레스 오블리주'**를 실천한 상징적인 일화이다.

주님을 믿는 자는 자신을 알고, 이웃과 조화하며, 성도다운 모습으로 살아야 좋은 성도가 된다.

1. 사랑으로 자신을 단장하라(12절)

"**그러므로,**" 지금까지의 권면의 결론이다. 소극적인 교훈, 즉 옛 사람의 행위를 청산하고 거기에서 한 걸음 나아가 새 사람을 입는 적극적인 교훈으로 이어진다(엡 4:2, 32).

'**하나님이 택하신 자**'와 "**거룩하고 사랑받는 자**"는 동격이다

(Lohse). 그리스도인들이 긍휼, 자비, 겸손, 온유, 오래참음의 덕목들을 지속적으로 반드시 지켜야 함을 의미한다(Lenski).

무엇으로 단장해야 하는가?

첫째는 긍휼이다. 구약에서는 '**가엽게 여기는 자**'이며, 신약에서는 '**하나님의 연민**'을 나타낸다. 둘째는 자비이다. 이는 친절, 상냥을 의미한다. 셋째는 겸손이다. 이는 주님과 이웃을 섬기는 자세이다. 넷째는 온유이다. 사람을 상대하는 부드러운 태도를 말한다. 다섯째는 오래참음이다. 이는 보복을 행하지 않고 중상모략을 견디며 사랑으로 용서하는 자세이다(Vaughan).

2. 다른 사람과 조화하라(13-14절)

"누가 누구에게 불만이 있거든 서로 용납하여 피차 용서하되." 서로서로 용서하라는 뜻이다. '**용납**'과 '**용서**'는 오래참음으로 이루어진다. 용납한다는 것은 그리스도인들이 서로에게 불만이 있을 때 그 혐오감이나 짐을 피차 지는 것을 의미한다(Lenski).

"주께서 너희를 용서하신 것 같이 너희도 그리하고." 이는 피차 용서해야 하는 근거로서 그리스도의 화해의 사역을 의미한다(1:22). 우리가 서로 용서해야 주님의 용서를 받는다(마 6:12). 주님의 용서는 교회 안에서 교인들 상호간 태도의 근거와 모범이 된다(조경철).

"이 모든 것 위에 사랑을 더하라 이는 온전하게 매는 띠니라." "사랑은 위의 모든 미덕(美德)들을 조화된 하나로서 묶는다"(Abbott). 그리스도교의 윤리는 결국은 사랑이라는 한 마디로 설명된다(Ramsey).

그 사랑이 온전함으로 인도하는 띠가 된다(Lohse).

3. 성령으로 하나님을 찬양하라(15-17절)

"**그리스도의 평강이 너희 마음을 주장하게 하라.**" 주님이 주시는 평강이며, 이것이 주님이 세상에 오신 목적이다(눅 2:14; 요 14:27). "**모든 지혜로 피차 가르치며 권면하고.**" 하나님의 뜻에 대한 구체적인 지식을 인지(認知)시키는 것을 의미한다(O'Brien).

그리고 본문에 평강이 2번, 감사가 3번, 시와 찬송과 신령한 노래, 찬양이라는 단어가 반복된다. 굳이 구별한다면 시는 시편을 의미하며, 찬미는 축제의 찬양(Lohse), 신령한 노래는 하나님의 행위를 찬양하고 영광을 돌리는 노래(O'Brien) 혹은 즉흥적으로 불리는 영적 노래를 말한다(Bruce).

"**그를 힘입어 하나님 아버지께 감사하라.**" 이 부분의 결론이다. 성도의 언행에 있어 주 예수로 통하여 하고 또 그를 힘입어 하나님께 감사해야 평강이 임한다. 감사는 형식적인 것을 가리키는 것이 아니며 그것은 영적 합일(合一)의 상태가 되어야 한다.

기독교의 가정윤리

골로새서 3장 18-25, 4장 1절

'Family' (가족)의 어원은 'Father and Mother, I Love You' 라고 말하는 이야기를 들었다. 가족이란 혈연도 중요하지만, 사랑으로 이루는 공동체이다. 행복지수는 감사지수, 성취지수, 그리고 원망지수와 밀접한 관련이 있다. 이들의 관련도를 수식으로 표현하면 그것은, 〈**행복지수=성취지수(감사지수÷원망지수)**〉이다.

즉 행복은 감사와 성취도와 비례하고, 원망에 반비례한다. 칸트는 "**행복의 조건은 일, 사랑, 희망**"이라고 했다. 행복은 아름다운 인격관계, 긍정적인 사고, 사랑과 격려와 대안적 대화를 통해서 이루어진다.

1. 아내들아 – 남편에게 복종하라(18절)

"**아내들아 남편에게 복종하라.**" '복종하라' 는 '휘포탓소' ($ὑποτάσσω$)로 신약에 23번이나 나온다. 이는 강요된 복종이 아니라 자발적인 복종을 의미한다(Vaughan).

에베소서에서는 "**주께 하듯 하라**"(엡 5:22)고 하신다. 아내의 복종은 창조질서의 한 부분이며(창 2:18, 3:16; 고전 11:3, 7-9) "**이는 주

안에서 마땅하니라." 아내는 남편에게 복종하는 것이 적절한 것이며, 의무이고, 주 안에서 가정질서를 세우는 미덕(美德)인 것이다.

2. 남편들아 - 아내를 사랑하라(19절)

"**남편들아 아내를 사랑하며.**" 아내의 윤리는 복종으로 요구하지만, 반면에 남편의 윤리는 사랑하라고 권면한다. 에베소서는 "**그리스도께서 교회를 사랑하시고 그 교회를 위하여 자신을 주심 같이 하라**"(엡 5:25)고 하신다. "**괴롭게 하지 말라.**" 가혹하게 대접하지 말라는 뜻이다. 사랑한다는 것은 단순한 애정이 아니다. 아내의 행복(幸福)을 위해 끊임없이 돌보고 사랑의 봉사를 해야 한다. 멸시하지 말 것은 부부는 하나이기 때문이다.

3. 자녀들아 - 부모에게 순종하라(20절)

"**자녀들아 모든 일에 부모에게 순종하라.**" 이것은 부모에게 절대 순종을 시사한다. 순종(휘파쿠오)은 강제적인 것으로, '**들음**', '**복종**' '**수행**' 을 말한다. 현재 능동태 명령법으로, 절대적이며 지속적인 순종을 의미한다. 자녀는 부모에게 "**모든 일에**" 순종해야 한다. 이것은 약속 있는 축복의 계명이다. "**네 생명이 길고 복을 누리리라**"(신 5:16)고 보장하셨다. 또 부모를 '**주 안에서 기쁘게 하는 것**' 은 성도의 옳은 행동이기 때문이다(엡 6:1).

4. 부모들아 – 자녀를 잘 길러라(21절)

"**아비들아 너희 자녀를 노엽게 하지 말지니.**" '**노엽게 한다**' 는 뜻은 '**자극하지 말라**' (do not embitter, NIV)는 의미이다. 부모는 자녀를 자극하지 말고 주의 교양과 교훈으로 양육해야 할 책임이 있다(시 127:3; 엡 6:4). "**낙심할까 함이라.**" 너무 강압적으로 자식을 양육하면 패기를 잃어버리고 무기력하게 정신적 성장을 못하게 한다. 믿음에서 떠나기 쉬운 것이다. "**낙심은 젊은이에게는 치명적인 독이다**" (Bengel).

5. 종들아 – 성실로 섬기라(22–25절), 상전들아 – 공평을 종들에게 베풀라(4:1)

"**주를 두려워하여 성실한 마음으로 하라.**" 성실한 마음은 하나님이 보시기에 순결하고 정결해서 흠을 찾을 수 없는 마음이다(Carson). 종들이 이런 마음으로 순종하는 동기는 주님을 두려워하는 마음이 있기 때문이다. "**무슨 일을 하든지……사람에게 하듯 하지 말라.**" 그 방법은 부여된 일이 어떤 일이든지 '**마음을 다하여**' 행하는 것, 충성된 마음으로 노력해야 하는 것이다.

"**상전들아 의와 공평을 종들에게 베풀지니.**" 상전(上典)의 윤리는 의와 공평이며 사회윤리의 기본강령이다. 하나님은 하늘에 계신 만인의 상전이다. 우리는 그를 본받아 의와 공평으로 행해야 한다. 이것이 실행될 때 그 사회는 번영하고 그 신의로 행복해진다(강병도).

올바른 신앙생활

골로새서 4장 2-6절

'**미션**' (mission)이란 무엇을 말하는가? 임무를 부여받은 사절의 직무나 일반적 사명, 또는 천직을 말한다.

'missionary'는 선교사, 전도자, 대사를 가리키며, 'ministry'는 성직자나 성무(聖務)라는 뜻이요, 'ministery'는 성직자, 목사, 장관, 공사라는 뜻이다. 이렇게 사명을 감당하려면 자신을 믿음에 온전히 굳게 세우고 'missionary'가 되어야 한다.

'missionary'는 전도자, 관리자, 리더자이며 그리고 비전이 확실해야 한다. 그것은 자기의 공로의식은 사라지고, 잘못된 것은 내 탓이고, 잘된 것은 주님의 은혜로 돌리는 하나님과 아름다운 동행(同行)의식으로 새 사람의 삶이 되는 것이다.

1. 기도에 깨어 있으라(2절)

"**기도를 계속하고**." 이제 바울은 기도를 항상 힘쓰라고 권면한다 (눅 18:1; 롬 12:12; 엡 6:18). "**계속하고**"는 '**끈질기게**', '**지속적으로**'를 의미한다.

기도는 응답을 믿고 열심과 지속성이 있어야 한다(Lightfoot). 즉 기도를 하되 기도가 이루어질 때까지 끈질기게 매달리라는 뜻이다

(김수흥). 본절의 기도는 탄원(petition)을 의미한다.

"**기도에 감사함으로 깨어 있으라.**" 감사(感謝)는 참 기도의 요소이며, 기도의 완성(完成)이다(빌 4:6). 기도에는 청원(petition)과 감사(thanksgiving)가 있어야 한다.

여기서 기도할 때 두 가지 주의사항을 말한다. 첫째는 감사해야 한다. 항상 강청(强請)하다 보면 원망이 생길 수 있지만, 응답하실 줄 믿고 감사로 기도해야 한다. 둘째는 깨어 있어야 한다. 기도는 주님에 대하여, 깨어 있음은 세상에 대하여, 특히 주님을 맞이하는 태도로 기도해야 한다(이상근).

2. 항상 전도하라(3-4절)

"**또한 우리를 위하여 기도하되.**" '**우리**'는 바울과 디모데(1:1), 에바브라(12절)로, 골로새 교인들에게 중보기도를 요청한다. 우리가 세상을 살아갈 때 중보기도의 동역자를 많이 세워야 한다.

기도는 성도의 영적 호흡이기 때문이다. 특별히 3-4절에 '**내가**'를 사용함으로 기본적으로 자신이 감옥에서 풀려나기를 소원한다(몬 1:22, O'Brien). "**전도할 문을 우리에게 열어 주사.**" 특별히 전도하기 위하여 기도해야 한다. 전도는 교회가 존재하는 이유이다. "**그리스도의 비밀**"은 바울이 이방인을 위해 그리스도 안에서 이루신 하나님의 구원 계획을 말한다(1:26, 2:2).

"**마땅히 할 말**"은 복음전도를 위한 설교의 필요성을 말한다. 여하튼 옥중의 바울의 간절한 염원은 일신의 문제가 해결되어 복음전파에 충성하려는 것뿐이다.

3. 언제나 은혜로 살아라(5-6절)

"**외인에게 대해서는 지혜로 행하여 세월을 아끼라.**" "**외인**"은 '**비신자**'를 말하고, "**지혜로 행하여**"는 비난을 받지 말고(친밀한 교제 갖기)를 말하고, "**세월**"은 '**결정적인 시기**'로 특별한 기회를 의미하며(Bruce), "**아끼라**"는 '**모든 가능성을 동원하여 구입하는 것**'을 의미한다(O'Brien).

따라서 비신자를 지혜롭게 대하여 믿음을 증거하는 기회로 삼으며 지혜를 최대로 이용할 것을 교훈한다(Vaughan).

"**너희 말을 항상 은혜 가운데서 소금으로 맛을 냄과 같이 하라.**" 이는 사적인 대화나 공적인 선포로, 상대방의 기분을 상하지 않게 은혜로써 그 마음을 유쾌하게 좋은 인상을 끼칠 수 있는 좋은 마음씨를 말한다.

"**소금**"은 '**재치**'나 '**기지**'(機智)를 의미한다(Bruce). 성도는 언어생활의 수준을 높여서 소금으로 맛을 냄과 같이 말이 부드럽고, 행동이 언제나 지혜롭게 하여 주님의 복음이 온 땅에 전해지도록 해야 할 것이다.

마지막 문안인사(1)

골로새서 4장 7-9절

드디어 골로새서의 결말에 도달하였다. 성숙한 삶(3:1-4:6)을 언급한 바울은 이제 본 서신을 마감하기 전에 여러 가지 소식을 전한다. 먼저 본서를 가지고 간 사람들의 소개가 있고(7-9절), 문안을 전달한 후(10-17절), 마지막 축도로 본 서신을 마무리하고 있다.

에리히 프롬은 〈소유냐 존재냐〉의 서문에서 '**소유 지향적 삶**' 은 갈등, 권모술수, 경쟁, 전쟁, 비인간화로 무한 투쟁으로 귀결되지만, '**존재 지향적 삶**' 은 마음의 평화와 더불어 부와 권력과 명예 또한 자연히 따르게 된다고 하였다.

바울은 이 존재 지향적인 삶으로 모든 사람들을 귀히 여기며 헌신하는 삶을 살았다.

1. 두기고(7-8절)

"두기고가 내 사정을 다 너희에게 알려 주리니." '**두기고**' ($\theta\iota\chi\iota\kappa os$)는 '**유쾌하다**' 라는 뜻이다.

그는 아시아 지방 출신으로(행 20:4), 바울의 제3차 전도여행 때에 바울과 함께 드로아까지 여행하였다. 그는 에베소교회에도 신실한 일꾼으로 소개되었으며(엡 6:21), 바울의 사자(使者)로 파송되기도 하였다(딤후 4:12; 딛 3:12).

바울은 두기고에 대해 3가지 호칭을 부여하였다. 첫째, "**사랑받는 형제**"라고 하였다. '**형제**'라는 말은 하나님의 가족의 구성원이 된 성도들 간의 실제적인 관계성을 시사한다(롬 15:14; 고전 15:58; 빌 3:1, O'Brien).

둘째, "**신실한 일꾼**"이라고 하였다. 일꾼의 '**디아코노스**' ($\delta\iota\acute{\alpha}\chi o\nu o s$)는 특별한 사역을 부여받은 사람을 말한다(Lohse). 셋째, "**주 안에서 함께 종이 된 자**"라고 하였다. 에바브라 같은 호칭을 듣는다 (1:7). 자신의 임무를 잘 감당하는 종임을 시사한다.

"**내가 그를 특별히 너희에게 보내는 것은 너희로 우리 사정을 알게 하고 너희 마음을 위로하게 하려 함이라.**" 두기고를 골로새교회에 보낸 목적을 2가지로 설명한다.

첫째, "**우리 사정을 알게 하고**" – "**내 사정**"(7절), "**우리 사정**"(8절), "**여기 일**"(9절)이라고 설명한다. 이러한 표현으로 말하고자 하는 것은 1장 24절부터 2장 5절의 내용인 것이다. 즉 바울이 복음을 위하여 고난을 받고 옥중에 갇혀 있다는 사정에 관한 것이다.

둘째, "**너희 마음을 위로하게 하려 함이라**" – 따라서 자신이 투옥된 사실로 상심에 빠져 있는 골로새 교인들에게 사도의 가르침을 되새기고 상심한 마음을 바로 세우고 위로하기 위함이었다.

2. 오네시모(9절)

"오네시모를 함께 보내노니." "오네시모"는 '유용하다'는 뜻으로, 바울은 자신이 처한 상황을 바로 알리기 위해 두기고와 함께 오네시모를 골로새교회에 보낸 것이다.

본절에 나오는 오네시모에 대해서 칼빈은 빌레몬서에 나오는 도망간 노예와 동일 인물이 아니라고 주장한다. 그러나 본절의 오네시모는 빌레몬서에 나오는 오네시모와 동일한 인물이다(Lohse, Schweitzer, Lightfoot). 본절에서 오네시모를 "너희에게서 온 사람이라"고 밝힘으로써, 골로새에 거주하고 있는 빌레몬의 도망간 노예임을 나타내주고 있다.

한편 바울은 오네시모를 "신실하고 사랑을 받는 형제"라고 소개하고 있다. 이것은 골로새 교인들이 오네시모를 따뜻한 마음으로 받아들일 수 있도록 하는 추천장이 되었다(Bruce, O'Brien).

그러므로 오네시모와 에바브라는 동향인이다. 에바브라는 골로새교회의 설립자이고, 두기고와 오네시모는 바울의 역할을 감당한 성실한 일꾼이었다. 바울은 오네시모의 부정적인 면을 일절 언급하지 않고 다만 신실하고 사랑을 받는 형제라고 소개한다.

그를 회개하고 무익한 노예로만 알고 있는 골로새 교인들에게 예수 믿어 회개하고 중생한 오네시모의 인간미와 아름다운 면을 소개하고 있는 것이다.

마지막 문안인사(2)

골로새서 4장 10-18절

사람은 인간관계로 산다. 만나는 사람은 누구든지 다 소중하다. 대인관계는 세상을 살아가며 터득해야 하는 중요한 과제이다.

화목한 인간관계가 곧 행복이다. 인간관계는 사랑하고, 인정하고, 격려하고, 이해하고, 용서해야 한다. 사람은 누구든지 완전한 사람이 없기 때문이다.

영어의 'communication'(관계, 소통, 대화)은 라틴어 'communus'에서 유래되었다. 'co'는 '**서로서로**'라는 뜻이고, 'munus'는 '멍에, 책임, 선물'이라는 뜻이다.

곧 '**멍에를 함께 멘다**', '**서로가 책임을 진다**'는 뜻이다. 바울은 이제 인간관계를 소중히 하면서 골로새 서신을 끝맺는다.

1. 아리스다고, 마가, 유스도(10-11절)

'**아리스다고**'(선한 정치)는 본래 데살로니가인으로(행 20:4), 에베소에 소요가 일어났을 때 바울과 함께 투옥되었으며(행 19:29), 예루살렘 회의에 참석하였고(행 20:4), 가이사랴에서 로마로 항해할 때 바울, 누가와 함께 동행하였다(행 27:2).

'**마가**'(비친다)는 마가복음을 기록한 마가요한이다(행 12:12, 25).

바울은 후기서신에서 마가를 동역자라고 부르고 있다(딤후 4:11; 몬 1:24). 아마도 마가가 바나바의 세심한 지도 아래 변화되었기 때문일 것이다(Bruce). 잠시 동안 갈등이 있었기 때문에(행 13:13, 15:36-41), 특별히 당부하여 마가를 영접하라고 한 것은 마가를 향한 큰 배려인 것이다.

'**유스도**' (정의)는 유대인 할례파였지만, 그를 통해 위로를 받은 것은 아마도 바울은 동족인 유대인들이 그리스도를 영접하지 않은 점에 염두를 둔 것이다(Hendricksen).

2. 에바브라, 누가, 데마, 아킵보(12-17절)

"**에바브라**"(물거품)는 골로새교회를 설립하였다(1:7, Vaughan). 에바브라는 골로새 교인들이 자신과 같이 복음사역을 위해서 끊임없이 완전하고 확신 있게 서기를 중보기도 하였다. "**수고하는 것을 내가 증언하노라**"에서 "**수고**"는 '**포논**'(πόνον)으로 전쟁터에서 싸우는 것을 의미하며, 헌신적인 노력을 시사한다(O' Brien).

"**누가**"(빛나다)는 바울과 함께 2차 전도여행 때 빌립보에서 바울과 합류하여 예루살렘까지 동행하였다(행 16:10-17). 누가는 이방인이나 의사로서, 바울의 주치의 역할을 했으며 누가복음과 사도행전을 기록하였다.

"**데마**"(다스린다)를 단지 '**데마**'라고만 소개한 것은 그가 세상을 사랑하여 사역을 포기할 것을 암시한다고 말한다(Lightfoot). '**눔바**' (신령한 예물)는 눔바의 집에 있는 교회와 성도들에게 문안한다. '**아**

킵보'(마부)는 빌레몬의 아들로 에바브라가 없을 때, 중직자로서 설교 사역에 봉사하였음을 시사한다(Vaughan).

3. 축복기도(18절)

"나 바울은 친필로 문안하노니." 바울은 눈이 좋지 않았기 때문에 다른 사람이 대필하였다. 그리고 편지 마지막 부분에 가서는 서명하는 식으로 친필의 문안을 보낸 것이다(살후 3:17; 갈 6:11-18; 고전 16:21).

"내가 매인 것을 생각하라." 이것은 자기의 고통을 호소하는 것이 아니라 암시이며, 깊고도 자극적인 표현으로 그들을 최후적으로 격려하려는 것이다.

"은혜가 너희에게 있을지어다." 골로새 교인들을 위한 바울의 강복선언(降福宣言)으로, 불과 세 마디밖에 안 되는 가장 간략한 축도이다. 바울은 골로새 교인들이 하나님의 은혜 안에서 온전히 튼튼히 서기를 간절히 축복한다.

하나님의 은혜는 기독교의 공동체를 유지시키는 유일한 요소이기 때문이다. 우리는 날마다 하나님의 은혜를 받아 온 땅에 복음을 전해야 한다.

빌레몬서

서론 – 빌레몬에게 보낸 편지

빌레몬서는 바울이 기록한 서신 중에 가장 짧은 책이며, 극히 개인적인 성격을 띠고 있다.

빌레몬의 종이었던 오네시모가 범죄하여 도망을 하였지만 바울을 만나 예수를 믿고 한 형제가 되었으므로 용납하고 받아 달라는 사랑의 윤리로, 실로 감동적인 서신이다.

이 용서와 화해의 정신은 그리스도의 정신이며, 하나님의 무한한 은혜를 체험한 성도는 계급, 지위, 성별, 인종 차이를 넘어 형제의 허물과 잘못을 무조건적으로 용서해야 할 책임이 있다는 것을 조용히 깨우쳐 주는 좋은 서신이다.

1. 기록한 저자

빌레몬서를 기록한 자는 사도 바울이다(1:1, 19). 바울이 수신자에게 안부를 말하고(1:1, 9-10, 13, 23), 수신자들에게 기도를 부탁하고(1:22), 동역자들에게 안부를 전하는 것(1:23-24) 등을 들 수가 있다.

본서에 대한 바울의 저작권에 대한 외증(外證)은 많이 있다. 이그나티우스(Ignatius)는 그의 에베소 2장에 본서 20절을 암시했고, 오리겐(Origen)은 본서 14절을 바울의 것으로 인용하고, 7, 9절도 암시하였으며, 터툴리안(Tertullian)과 유세비우스(Eusebius)도 본서를 취급하였다. 좌우지간 본서에 흐르는 어조(語調)가 완전히 바울의 것이며, 골로새서와 본서에 순수성을 상호보충하고 있다.

2. 기록연대와 장소

주후 61-62년경(Meyer, Zahn, Lightfoot)에 로마에서 기록된 것으로 보인다. 바울은 제3차 전도여행을 마치고 체포되어 5차례의 재판을 받고 로마 시민이라는 이유로 로마에 가서 재판을 받기를 주장했다. 그래서 그는 로마에 호송되어 2년간 연금된 상태로 지냈는데 이때 옥중서신을 기록한 것으로 보인다.

에베소나 가이사랴(로마군의 주둔지)로 주장하는 이들도 있으나, 로마로 보는 것이 전통적 학설로서 가장 자연스럽고 권위가 있다. 시위대, 가이사의 집(빌 1:13, 4:22), 오네시모가 도주한 장소 등도 로마로 보는 것이 가장 타당하다. 바울은 투옥중에도 복음사역을 활발히 전개하였다.

3. 기록 동기와 목적

바울은 1차적으로 빌레몬의 종이었던 노예 오네시모가 예수를 믿어 다시 돌려 보내면서 그의 주인이 되는 빌레몬에게 그리스도 안에서 오네시모를 용서하고 받아들일 것을 애원하였다.

그리고 이러한 오네시모를 통하여 모든 성도들로 하여금 기독교의 진리인 사랑, 용서, 화해를 생활 속에서 직접 실천할 수 있도록 권고하고 독려하기 위해서 본서를 기록하였다. 바울은 빌레몬과 오네시모의 중간에 서서 화해를 중재하고 있다. 이것이 하나님과 인간 사이에 십자가를 지신 주님의 모습이 아닌가?

4. 본서의 특징

첫째, 본서는 바울의 13개 서신 가운데 가장 짧은 서신이다. 둘째, 이 서신 속에는 기독교의 교리나 신학사상이 나타나 있지 않다. 반면에 한 가정의 문제로 도망한 노예의 용서와 화해문제를 다룬 극히 개인적인 서신이다. 하지만 한 가정의 문제를 통해 성도 상호간의 용서와 사랑이라는 기독교 윤리의 핵심문제를 감동적으로 드라마틱하게 묘사한 삶의 용서의 지침서이다.

셋째, 따라서 빌레몬서는 위대한 신학자나 전도자로서의 모습보다 비천한 노예를 위해 스스로 변상을 약속하면서 그 주인에게 용서를 구하는 사랑과 겸손한 사도로서의 인간적인 면모가 잘 나타나고 있다.

우리는 모든 것에서 반드시 하나님이 의도하시는 메시지를 읽어야 한다. 하나님의 나라, 교회와 성도간의 기본적인 사상을 빌레몬서를 통하여 구체적으로 배워서 실천해야 한다.

바울의 문안인사

빌레몬서 1장 1-3절

하나님의 나라에는 계급이 없다. 바울이 추구하는 3가지 꼭짓점은 첫째, 하나님의 나라에 대한 강조이다. 둘째는 하나님의 나라 안에서 교회를 바라보는 것이고, 셋째는 성도들을 사랑하는 일이다(임세일). 실로 이 짧은 서신에 일개 노예를 구하기 위한 정성과 순서와 예의를 다하는 깊은 사랑이 풍겨 있다(이상근).

세상에서 사람을 얻는 것은 천하를 얻는 것보다 보람이 있다. 바울은 빌레몬에게 오네시모를 영접해 달라고 간곡한 어조로 부탁하고 있다. 본서에서 바울은 송신자가 누구인지를 말하고(1상절), 수신자들의 이름을 열거하며(1하-2절), 그들에게 간절히 축복하고 있다(3절).

1. 송신자 - 바울과 디모데(1상반절)

"그리스도 예수를 위하여 갇힌 자 된 바울과 및 형제 디모데는." 이 격식은 당시 일반적 서신의 관례였다. 이를 통하여 하나님의 뜻을 계시하사 성경을 만드신 것이다.

본서의 송신자와 수신자의 설명에는 모두 독특한 풍취가 있다. 바울은 다른 서신에서 '**사도**'나 '**종**'이라는 명칭을 사용했지만 본서는 사랑을 구하는 입장에서 "**그리스도 예수를 위하여 갇힌 자**"라고 했다. 이를 직역하면 '**그리스도 예수의 죄수**'라는 표현으로 이해를 구하는 입장과 인간적 차원에서 겸손한 명칭을 사용하였다(이상근).

"**형제 디모데**"라고 언급한 것은 빌레몬과 디모데 사이에 친분이 있었기 때문이다. 디모데가 에베소에 거주할 때 빌레몬을 알았기 때문에(Vincent), 빌레몬에게 호소하는 수단으로 디모데를 언급하였다(O'Brien). 바울이 상황윤리의 대가였던 것을 피부로 느낄 수 있다.

2. 수신자 - 빌레몬, 압비아, 아킵보(1하반절, 2절)

"**우리의 사랑을 받는 자요 동역자인 빌레몬.**" 빌레몬은 본서의 수신자로서 두 가지 호칭을 가지고 있다.

첫째, "**우리의 사랑을 받는 자**"이다. 빌레몬이 서로 사랑하는 교회공동체의 일원으로서 과거에 사랑을 실천한 적이 있었음(5-7절)을 상기한다(Lohse). 둘째는 '**동역자**'이다. 이는 바울의 애용어로서 그의 서신에 12회나 나타난다. 동역자란 '**복음을 위해 함께 수고한 사람**'을 말한다. 빌레몬은 바울의 동역자이다.

"**자매 압비아**"는 빌레몬의 사랑하는 아내라고 추정한다(Vincent, Meyer). "**우리와 함께 병사 된 아킵보**"가 빌레몬의 아들이었다는 것은 권위 있는 추측이다(Lightfoot). "**우리와 함께 병사 된**"(2절), "**주 안에서 받은 직분을 삼가 이루라**"(골 4:17)는 것은 그가 중직을 맡은 자라는 뜻이다. 빌레몬의 가정에 있는 모든 교인들에게도 간절하게 편지를 보낸다.

3. 강복선언(3절)

"하나님 우리 아버지와 주 예수 그리스도로부터 은혜와 평강이 너희에게 있을지어다." 바울의 축도의 형식으로서 이와 똑같은 형식은 로마서, 고린도전·후서, 갈라디아서, 빌립보서, 데살로니가후서에도 보이며, 기타 서신에도 대동소이하다.

"**은혜와 평강**"은 바울이 교회에 편지를 보낼 때 서두에서 하는 인사말로서 신앙적인 독특한 의미를 지닌다(Bruce). '**은혜**'는 헬라어 '**카리스**'($\chi\alpha\rho\iota\varsigma$)로 '**기쁨**'을 뜻한다. 은혜는 "**율법의 대조적 개념이며**"(Vincent), "**실제적 축복의 근원이다**"(Lightfoot). '**평강**'은 '**샬롬**'으로 하나님과 인간 사이에 화목한 관계로 변화할 때 생기는 결과이다(Lightfoot).

이 화해는 단순히 하나님과 인간 사이의(골 1:20) 화해뿐만 아니라 사람과 사람 사이의 화해(엡 2:14-18)를 동반한다. 우리가 믿음으로 하나님의 은혜를 듬뿍 받으면 평강이 자연스럽게 임한다.

빌레몬의 교회사랑

빌레몬서 1장 4-7절

사람의 인상이나 몇 번 실패한 것을 보고 꼬리표를 붙이는 것은 그리스도인의 태도가 아니다. 누구나 하나님 앞에 머리를 들 수 없는 죄인임을 깨달으면 용서할 수가 있고, 친구가 될 수 있고, 평화로운 존중이 가능하다.

교향악단에서 연주를 오래 하는 바이올린 주자나 손가락 몇 번 움직이는 팀파니 주자나 같은 보수를 받는다고 하지 않는가? 바울서신 중에서 감사의 말이 없는 것은 갈라디아서뿐이다.

갈라디아서에는 인사의 말이 그치자 곧 그들의 신앙의 변질에 대한 엄한 질책이 나타난다. 본서는 오네시모를 위한 간곡한 청원을 마음에 담고 있으면서 정중한 예의를 다하고 있다.

1. 성도에 대한 사랑(4-5절)

"주 예수와 및 모든 성도에 대한 네 사랑과 믿음이 있음을 들음이니." 본문은 바울이 빌레몬을 위하여 중보기도를 드리는 내용이다. 이는 주 예수를 대하는 믿음과 모든 성도들을 대하는 사랑으로 보는 것이 타당하다.

"들음이니." '아쿠온' ($\dot{\alpha}\chi o\acute{\iota}\omega\nu$)은 현재분사로서 바울이 빌레몬에

대해서 지속적으로 듣고 있음을 의미한다. 아마 바울이 에바브라나 오네시모에게 행한 아름다운 인간미를 의미한 것으로(O'Brien) 에바브라나 오네시모가 전해 주었을 것이다.

그리스도인의 최고의 재산은 사랑과 믿음이다. 믿음이 천국을 여는 열쇠라면 사랑은 천국의 헌장이다. 믿음이 신앙생활의 알파라면 사랑은 신앙생활의 오메가이다(이동원). 믿음에서 시작해서 사랑으로 올라가는 여정, 그것이 우리의 신앙의 삶이다. 빌레몬은 교회와 성도를 사랑한 사람이다.

2. 아름다운 믿음의 교제(6절)

"이로써 네 믿음의 교제가 우리 가운데 있는 선을 알게 하고 그리스도께 이르도록 역사하느니라." 여기서 **"믿음의 교제"** 란 믿음에서 나오는 자비로운 사랑의 행위를 말한다(빌 1:5). 이 교제는 단순히 구제를 의미하는 것이 아니라 관용이나 마음의 후함을 말한다(Bruce).

"선을 알게 하고" 는 그리스도인으로서 소유하고 있는 모든 영적인 선물과(Vincent), 모든 축복을 의미한다(O'Brien). 안다는 것은 단순한 지식이 아니라 이해와 경험을 의미한다. 그러므로 바울은 본절에서 빌레몬이 자신에게 속한 하나님의 영적 선물과 축복을 경험하기를 기도하고 있다.

"그리스도께 이르도록 역사하느니라." 이는 믿음의 완성을 의미한다. 우리는 주님을 향한 헌신이 더욱 활발해지고 빌레몬의 마음이 달라지기를 소원하며 간절하게 기도하는 바울의 모습을 보게 된다.

3. 성도들이 누리는 평안(7절)

"**형제여.**" 이는 바울이 많이 사용하는 애용어로 오네시모 문제를 빌레몬에게 권고하기 위해 부르는 관심어린 호칭이다.

"**성도들의 마음이 너로 말미암아 평안함을 얻었으니.**" '**성도**'는 '**구별된 자**'를 뜻하며, 구약에서는 이스라엘 백성들을 말하지만 신약에서는 성도를 가리키게 되었다(엡 1:1). '**마음**'은 '**스플랑크나**' (σπλάγχνα)로 '**심장**'(心臟)을 뜻하나(빌 2:5) 여기서는 '**감정의 자리**' (Lightfoot), '**내면의 느낌**'을 뜻한다(Moule).

이런 빌레몬의 선행은 에바브라를 통해 바울에게 들려 왔고, 그것은 바울에게 있어서 큰 기쁨과 위로가 되었다. 이와 같이 바울은 빌레몬에 대하여 아낌없는 칭찬을 보내고 있다. 그리고 거기에는 이제 부탁할 오네시모에 대하여도 같은 사랑으로 대하여 줄 것을 암시하고 있다. 한 사람의 활동, 역량, 사랑은 교회공동체 모두에게 큰 기쁨과 위로를 준다.

오네시모를 위한 호소

빌레몬서 1장 8-14절

바울은 모든 관계를 소중하게 여긴다. 하나님, 인간, 물질의 관계가 소중하다. 그러나 대인관계에 있어 아주 사소한 것에 성공과 실패가 달려 있다. 선한 말을 통해 상대방을 축복하고, 상대가 잘 되기를 기도해야 한다. 그리고 주님이 인정하시고 복 주시는 행동과 인격을 갖추기를 노력해야 한다.

바울은 한낱 노예에 불과한 오네시모를 위해 정중한 예의, 세심한 배려, 치밀한 방법으로 빌레몬에게 온 정성을 다한다. 이것이 잃어버린 한 마리 양을 찾아가시는 주님의 그림자인 것이다(눅 15:1-7). 이런 사랑의 열정이 죽어가는 사람을 살리는 것이다.

1. 사랑의 간구(8-10절)

"내가 그리스도 안에서 아주 담대하게 네게 마땅한 일로 명할 수도 있으나." 그는 그리스도 안에서 살며, 생각하며, 행동하였다. 이는 빌레몬에 대한 신뢰성에 대한 마음을 열어 놓고 한 말이다.

"도리어 사랑으로써 간구하노라." 도덕적 계율보다 그리스도인으로서 마땅히 명령할 수 있으나 바울은 사랑으로 요청하고 있다. 권위에 대한 명령보다 사랑에 의한 간청을 하는 것이다. 바울과 빌레몬의 사랑이나(Bengel), 그리스도인의 일반적 사랑의 원리를 논하지만(Meyer), 이를 국한할 필요는 없다. 사랑은 그리스도인의 윤리의 기본 강령이다(P. Ramsay). 사랑의 호소는 권위적 명령보다 언제나 강력한 법이다. 사랑의 진정이 교류될 때만이 평화와 부흥이 이루어진다.

"갇힌 중에서 낳은 아들 오네시모." 그 이름이 본서에 단 한 번 기록되었고, 옥중에서 만나 자신이 변화시켰기 때문에 아들이라고 표현한다. 바울은 누구보다 애정이 깊은 사람이었다.

2. 온전한 사랑(11-12절)

"그가 전에는 네게 무익하였으나 이제는 나와 네게 유익하므로." '**오네시모**'는 '**유익한**', '**유용한**'이라는 뜻이다.

이제 바울은 개종(改宗) 전후의 상태를 나타내기 위해서 **"무익하였으나" "유익하므로"**라는 단어를 사용하였다. 이전에는 오네시모가 빌레몬을 괴롭게 하다가 재산까지 피해를 입혔다(18절). 당시 노예들이 도망할 때는 주인의 재산을 도적하거나, 주인의 처를 강간하거나, 자녀들을 살해하는 경우가 많았다고 한다. 이제 그는 회개함으로 바울과 빌레몬에게 다같이 유익한 사람이 되어 그 이름에 부합하게 되었다.

"네게 그를 돌려 보내노니 그는 내 심복이라." 이미 돌려 보낸 것을 표시한다. '**심복**'은 '**스플랑크나**'($\sigma\pi\lambda\acute{\alpha}\gamma\chi\nu\alpha$)로 문자적으로 '**심장**', '**핵심**'을 의미하나, 본절에서는 '**마음**'(heart, RSV)을 뜻하며

(Bruce), 동시에 바울 자신(자신과 동일시)을 의미한다(O' Brien).

3. 정중한 예의(13-14절)

"**복음을 위하여 갇힌 중에서 네 대신 나를 섬기게 하고자 하나.**" 바울은 오네시모를 자기 곁에 두고 복음사역을 위해 붙잡아 두고 싶었다(고전 16:17; 빌 2:30). 그러나 그 일의 최종결정자인 빌레몬의 결제를 받고 싶었다.

'**네 대신**' 은 '**대신에**' (instead of)나 '**너의 위치에서**' (in thy place) 보다 '**위하여**' 를 의미한다(Vincent). "**네 승낙이 없이는**" 에서 '**승낙**' 은 '**견해**' , '**결정**' 을 의미하나, 여기서는 '**사전지식**' 혹은 '**승낙**' 을 의미한다(O' Brien). 빌레몬의 동의가 없이는 절대로 함께 있지 않겠다는 것이다. 바울은 선한 일이 억지로가 아닌 자의로 되기를 소원하였다. 이는 사람의 권위나 압력보다, 그리스도 안의 은총하에서 자발적으로 이루어져야 한다.

선한 일이란 자유의지에서 나와야 한다. 모든 것은 순리대로 되는 것이 바람직하다. 비록 선한 일이라도 무리하게 진행시키지 않아도 좋은 결과가 온다.

오네시모를 향한 사랑

빌레몬서 1장 15-19절

세상에서 사랑보다 위대한 것은 없다. 기독교는 사랑의 종교이다. 주님은 "원수까지도 사랑하라"(마 5:43-48)고 말씀하셨다.

빌레몬서의 핵심주제는 용서이다. 좋은 인간관계를 위해서 무엇보다 중요한 것은 윈윈(win-win) 하는 태도이다. **'너는 죽고 나는 산다'** 는 태도보다, **'너도 살고 나도 산다'** 는 페어플레이 정신으로 나보다 남을 낫게 여겨야 한다. 예수님은 모든 사람들을 위하여 십자가에서 피 흘려 돌아가셨다.

스티븐 코비 박사는 **"사랑은 감정으로 반응하지 않고 가치로 반응한다"** 고 하였다. 우리는 나보다 못한 사람, 동등한 사람, 나보다 나은 사람을 동류(同流)로 사랑해야 한다.

1. 사랑하는 형제로 받아라(15-16절)

"이후로는 종과 같이 대하지 아니하고 종 이상으로 곧 사랑받는 형제로 둘 자라." 오네시모가 죄를 짓고 가출하여 떠나 있었는데 바울을 만나 그리스도인이 된 것은 하나님의 섭리가 아니면 불가능한 일이었다. 빌레몬과 오네시모는 주 안에서 영원한 형제가 되었으므로 이제 후로는 빌레몬의 종이 아니라 사랑받는 형제로 대우하라고 부탁하고 있다.

전북 김제시 금산교회 조덕삼의 집에서 머슴살이 하던 이자익 씨가 있었다. 그는 조덕삼 씨와 함께 데이트(L.B. Tate) 선교사(한국명 최의덕)의 전도를 받고 예수를 믿었지만 주인인 조덕삼 씨보다 먼저 장로가 되었다. 그의 명철함을 인정한 조덕삼 장로는 그를 신학교로 보내 목사로 만들었다. 이자익 목사는 평생 금산 교회를 섬기며 교단 총회장(3번)을 역임하였다.

빌레몬과 오네시모는 육신적으로 주종관계이지만, 주 안에서 한 형제가 되었으니, 주의 사자 바울을 영접하듯이 하라고 권면한다. 주 안에서 우리는 남녀노소, 빈부귀천을 막론하고 다 한 형제요, 자매인 것이다. 이제 영원한 아름다운 천국의 권속이 되었다.

2. 나를 영접하듯 영접하라(17절)

"그러므로 네가 나를 동역자로 알진대." 바울은 빌레몬에게 오네시모를 영접하라고 호소하기 전에 호소의 근거로서 빌레몬과 자신의 밀접한 관계를 상기시킨다.

동역자로 번역된 '**코이노논**'(κοινωνον)은 '**공통적 관심과 사역을 공유하는 사람**'으로 '**동료**'(partner)를 의미한다. 그러나 이 '**코이노논**'은 결코 사업상 관계나 우정관계를 의미하는 것이 아니라 그리스도 안에서 이루어지는 교제(κοινωνία)를 전제로 한 동역자를 의미한다(Lohse).

"그를 영접하기를 내게 하듯 하고." 바울은 자신과 오네시모를 동일시(同一視)하고 있다. 사람을 영접하는 행위는 그리스도인들의 의

무이다(Bruce). 오네시모를 바울의 동역자로서 영접하라고 부탁한다(O'Brien). 동역자라고 하는 것은 자신을 오네시모처럼 낮추었다는 뜻도 되고, 동시에 오네시모를 자신처럼 높였다는 뜻도 된다.

3. 빚은 내게 계산하라(18-19절)

"그가 만일 네게 불의를 하였거나 네게 빚진 것이 있으면 그것을 내 앞으로 계산하라." 바울은 도리를 다하고 사랑과 예의를 다하였지만 나아가 부채까지 변상하겠다고 제안한다.

"그것을 내 앞으로 계산하라." 이 문구에 두 가지 해석이 있다. 첫째, 오네시모가 빌레몬의 재산을 가지고 도망갔다는 것과(Vincent, Caird) 둘째, 오네시모가 도망하여 일하지 못해 많은 재산의 손실을 입었다는 것이다(Martin, Gayer). 전자는 추론에 불과하다(O'Brien). 바울은 오네시모의 도망 자체로 인해서 생겨난 손해를 오네시모의 영적 아버지로서 회계할 것을 빌레몬에게 밝히고 있다. 이것은 결자해지(結者解之)의 정신이다.

여기서 바울의 사랑은 절정에 이른다. 기독교는 희생의 종교이다. 오네시모는 바울의 사랑을 받을 만큼 좋은 일꾼이 되었다. 루터는 **"우리 모두는 하나님의 오네시모들이 되어야 한다"**고 했다.

마지막 부탁과 축도

빌레몬서 1장 20-25절

이제까지 오네시모를 위한 바울의 부탁은 끝이 났다. 그러나 바울은 최후적으로 빌레몬의 허락에 대한 그의 확신을 피력함으로 사실상 큰 기대에 확신을 갖고 문안과 축도로 서신을 끝맺는다.

우리는 신앙의 근본인 믿음, 소망, 사랑을 가지고(살전 1:3), 욕심을 버리고(약 1:15), 주님이 이기신 물질, 명예, 권세들을 극복하고(마 4:1-11) 사람을 사랑하며 그리스도를 이 땅에 심기 위해 헌신적인 삶을 살아야 하리라 믿는다.

〈교회여, 생명을 잉태하라〉〈다음 세대와 함께 가는 교회〉로, 부끄럽지 않게 살아야 하지 않겠는가? 우리는 늘 바울을 본받아 사는 사람이 되어야 할 것이다.

1. 기쁨과 평안의 삶(20절)

"**오 형제여!**" 지금까지 그가 오네시모를 위해 빌레몬에게 부탁한 모든 것을 재확인하는 것이다. 그의 애정과 감격과 확신이 강하게 나타나 보인다.

"**나로 주 안에서 너로 말미암아 기쁨을 얻게 하고 내 마음이 그리스도 안에서 평안하게 하라.**" 여기서 두 가지를 요청한다.

첫째는 기쁨을 얻고자 한다. 빌레몬이 바울에게 빚진 것을 받는 물질적인 것보다(19절), 마음의 평안을 얻고자 함이었다. 기쁨은 외적 즐거움이다. 이 기쁨을 소유해야 즐거움이 넘친다. 둘째는 평안을 얻고자 한다. 바울은 앞서 빌레몬이 성도들에게 베푼 사랑으로 인해 성도들이 평안함을 갖게 되었던 것처럼(7절) 평안함을 얻게 할 것을 권하고 있다.

주님이 주시는 평안은 세상이 주는 평안이 아닌 것처럼(요 14:27), 마음속에서 한없이 솟아나는 하늘에서 주는 평안을 누리고 싶었다.

2. 순종하는 삶(21-22절)

"나는 네가 순종할 것을 확신하므로." "순종"은 '휘파코에' ($ύπα\chi oή$)로, '하나님에 대한 인간의 순종' (롬 6:16)이나, '복음에 나타난 하나님의 뜻에 순종' (고후 7:15)을 나타낼 때에 사용하였다. 이 순종은 구속력에 의한 것이 아니라 사랑 안에서 하나님의 뜻에 대한 깊은 이해를 가지고 실천을 간청한 것에서 오는 믿음의 확신이었다(O' Brien).

"네가 내가 말한 것보다 더 행할 줄을 아노라." 바울은 '더'에 대해서 구체적으로 지시하지 않는다. 이것은 오네시모의 법적인 노예 해방뿐 아니라 복음 사역에의 참여에 관한 것으로 여겨진다.

"오직 너는 나를 위하여 숙소를 마련하라." 이는 그의 순종을 유도하는 말이다(21절). 때로 적당한 부담은 사랑의 실천과 결단에 도움이 된다. 그의 부드러운 강요는 빌레몬이 그의 기대에 실망시키지 않고 순종하는 것을 친히 보고자 원하였던 것이다(Lightfoot).

3. 축복을 누리는 삶(23-25절)

여기에서 몇 사람의 이름들이 거명되고 있다. 에바브라는 골로새에 파송된 바울의 대표자로서 설립자이며 전도자였다(Vincent).

한편 바울은 동역자로서 마가, 아리스다고, 데마, 누가를 언급하는데, 이들은 골로새서에서도 문안 대상으로 나타난다(골 4:10,14). 이것은 빌레몬의 가족이 골로새교회와 깊은 관계를 맺고 있음을 나타낸다. 바울은 동역자들의 문안을 통하여 예수 그리스도를 증거하는 동역자들 간에 관심을 가질 것을 요구한다(Lohse).

"**우리 주 예수 그리스도의 은혜가 너희 심령과 함께 있을지어다.**" "**너희**"는 '**휘몬**'($ὑμῶν$)으로서 복수이다. 빌레몬은 물론 그의 가족과 섬기는 교회의 모든 성도들을 가리킨다. 바울은 본절에서 서신을 끝맺기 전에 빌레몬과 그의 가족 그리고 교회에 축복하고 있다.

"**오직 사랑과 구원과 용서가 이 땅 위에, 모든 성도 위에 영원토록 넘쳐 나서 인간들의 욕심이 제거되어 하나님의 교회가 온전히 세워지게 하옵소서.**" 아멘.

부록

본서에 인용된 명언들

(목차 순서대로)

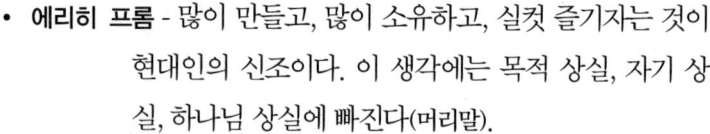

- **에리히 프롬** - 많이 만들고, 많이 소유하고, 실컷 즐기자는 것이 현대인의 신조이다. 이 생각에는 목적 상실, 자기 상실, 하나님 상실에 빠진다(머리말).
- **곽선희 목사** - 하나님이 소원하시는 세 가지가 있는데, 첫째는 거듭나는 것이고, 둘째는 늘 감사하는 것이고, 셋째는 늘 너그럽게 용서하며 사는 것이다(머리말).

1. 에베소서

- **로빈슨** - 에베소서는 바울서신의 백미이다(p. 12).
- **바클레이** - 에베소서는 사람이 쓴 가장 신적인 저술이다(p. 12).
- **콜리지** - 에베소서는 서신서의 여왕이다(p. 12).
- **존 맥케이** - 에베소서는 내 생명의 원인이며, 가장 위대하고, 가장 성숙한, 우리 시대에 가장 적절한 서신이다(p. 12).
- **Scott** - 헨델은 꿇어 앉아 할렐루야를 작곡하였고, 바울은 꿇어 앉아 이 장엄한 에베소서를 기록하였다(p. 14).

- **존 맥케이** - 이 서신서는 순수한 음악이다. 우리가 여기에 있는 것은 노래하는 진리, 음악에 맞추어진 교리이다(p. 15).
- **칼빈** - 우리의 논증이나 이성이 아닌 하나님의 선포하심으로 안다. 다만 믿음으로 깨닫게 될 때 스스로 입증하는 것을 체험한다(p. 19).
- **W.C.C의 주제** - 예수 그리스도 안에서 우리 모두 하나이다(p. 20).
- **칼빈** - 칼빈주의 구원론에는 다섯 가지 특색이 있다. 첫째, 인간의 전적 타락이다. 둘째, 무조건적인 선택이다. 셋째, 제한적인 구속이다. 넷째, 불가항력적인 은혜이다. 다섯째 궁극적인 구원이다(p. 21).
- **Eadie** - 긍휼이란 단지 동정이 아니라 실제적인 도움을 마련하는 감정이며, 구제에 이르는 동정을 말한다(p. 28).
- **트랜취** - 긍휼이란 계시 종교의 품에서 조성된 낱말이다(p. 28).
- **넬스 페레** - 신앙의 3단계는 첫째, 전통적인 단계, 곧 구원의 교리를 받아들이는 단계이다. 둘째, 자기를 비우는 단계, 죄를 고백하며 항복하는 단계이다. 셋째, 더 깊이 들어가는 단계이다. 생각과 말, 행동이 유대를 확실하게 구축하는 단계이다(p. 33).
- **크리소스톰** - 하나님의 은혜는 그의 능력으로 마음속에 뿌리박지 못한다면 소용없는 것이다(p. 38).
- **리빙스턴의 묘비** - 리빙스턴은 하나님의 사랑에 응답하며 살고, 응답하다가 죽었다(p. 39).
- **크리소스톰** - 하나님은 그들을 사랑하사 아들을 주시고, 또 그의 종들이 환난을 받게 하셨다. 즉 그들이 큰 축복을 받기

위해 바울은 투옥이 되었다(p. 41).
- **헨드릭슨** - 기도할 때 몸을 구부정하게 하고 단정치 못한 자세를 취하는 것은 여호와께 가증한 것이다(p. 43).
- **바르트** - 성도들은 어떤 경우를 만나든지 하나님께 "예"하는 사람이다(p. 46).
- **빈센트** - 교회가 하나님의 찬양을 받으실 왕국인 것처럼, 그리스도는 그 찬양의 영적인 영역이시다(p. 47).
- **바우스** - 겸손은 자신의 부족과 무지함을 깨닫고 자신보다 남을 낮게 여기는 마음의 자세이다(p. 48).
- **미국 이민사회의 격언** - 성공적인 이민을 위해서는 한국에서의 명암(明暗)을 버려야 한다(p. 54).
- **링컨** - 의와 거룩함은 하나님의 형상대로 재창조함을 받는 새 사람의 윤리적 덕목이며 자질이다(p. 56).
- **칼 로저스** - 인격의 네 가지 원칙이 있다. 첫째는 자기를 내세우지 않고 남을 인정하고 존중하는 사람이다. 둘째는 솔직하고 순수한 사람이다. 셋째는 그 사람의 마음, 그 사람의 입장을 헤아려 말하고 행동하는 사람이다. 넷째는 믿고 맡기는 사람이다. 그런데 이 네 가지 품격은 모두 온유에서 나온다(p. 57).
- **한경직** - 목회는 사람이다(p. 60).
- **아담스** - 악행은 믿음을 철저하게 약화시킨다(p. 61).
- **오리겐** - 용서는 남을 위해 하는 것이지만 자기 자신을 위한 것이다(p. 62).
- **알포드** - 하나님께서 너희 자신을 위해 한 번 하신 것처럼, 한 몸

으로 네 자신을 위해서 행하라(p. 62).
- **요리문답 제1문** - 사람의 제일 되는 목적은 하나님을 영화롭게 하고 영원토록 그를 즐거워하는 것이다(p. 67).
- **루터** - 이웃 한 사람 한 사람이 작은 예수임을 깨달았다(p. 69).
- **오스카 와일드** - 애정 없는 결혼은 비극이다. 그러나 그보다 더 나쁜 것은 서로 협조적인 사람이 되지 못하고 각기 다른 생각을 하는 부부이다(p. 75).
- **山室** - 어려서 경로(敬老)하지 않는 자는 장성하면 하나님이 없다고 부인한다(p. 79).
- **올사우센** - 말로나 행동으로나 너희 하는 모든 일을 그리스도의 이름으로 하라(p. 82).
- **루터** - 하녀가 방 하나를 소개할 때도 그는 하나님의 일을 할 수 있다(p. 82).
- **벵겔** - 청지기가 그 지위를 지키려면 마땅히 기쁜 마음으로 일해야 한다(p. 83).
- **카네기 모친** - 하나님을 중고품처럼 여기지 말라. 하나님은 한물간 고물이 아니다. 너에게 날마다 영향을 주는 살아 계신 너의 힘이다(p. 90).
- **콜럼버스** - 나는 내일도 서쪽으로 항해를 계속할 것이다. 하나님이 우리와 함께 하신다는 믿음과 소망 때문이다(p. 90).

2. 빌립보서

- **진첸도르프** - 나에게는 오직 하나의 열망이 있다. 그것은 바로 그

분, 오직 그분뿐이다(p. 95).
- **폴 메디슨** - 복음에 대한 소망을 잃으면 모든 것이 무의미하다(p. 101).
- **벵겔** - 빌립보서의 요약은 내가 기뻐하니 너희도 기뻐하라는 것이다(p. 104).
- **존 웨슬리** - 나는 구원받았다. 나는 구원받고 있다. 나는 구원을 받을 것이다(p. 109).
- **콜롬바** - 하나님! 우리는 배를 의지하지 않고 하나님만 의지하겠습니다. 이제 이 땅을 밟은 이상 후퇴는 없고 전진만이 있나이다(p. 109).
- **빈센트** - 간절한 소망은 목을 빼내어 바라보는 것이다(p. 110).
- **칼빈** - 하나님의 힘만이 괴로움과 무거운 짐을 견디게 하고 우리를 굳건히 서게 한다(p. 112).
- **루터** - 고난을 거부하는 자는 그리스도의 적이다(p. 114).
- **케네디** - 우리는 우리의 신앙을 보이기 위해 이 마당(경기장)에 보냄을 받은 하나님의 운동선수들이다(p. 114).
- **빈센트** - 고난은 성도가 그리스도와 약혼할 때 받는 선물이다(p. 114).
- **어거스틴** - 그리스도인의 생활에 있어 첫째, 둘째, 셋째의 중요한 덕목은 겸손이다(p. 116).
- **앙드레 지드** - 겸손을 생활철학으로 삼으라. 겸손은 천국을 여는 열쇠이고, 교만은 지옥문을 여는 열쇠이다(p. 118).
- **라이트풋** - 모든 자의 주인이신 주님은 모든 자의 종이 되신 것이다(p. 119).

- **알포드** - 너희 구원은 믿음으로 시작되나 성령으로 성결케 되는 과정, 즉 거룩한 복종과 그리스도인의 완전에로 계속 되는 것이다(p. 122).
- **벤 토레이** - 한국교회가 연합하고, 하나님의 능력을 구하고, 개인과 공동체의 죄, 가정과 교회 자체의 모든 구조적인 죄까지 회개하고, 서로 용서해야 북한을 덮고 있는 사단의 견고한 진을 파할 수 있다(p. 127).
- **언더우드 동상의 비문** - 하나님의 사자로 한국에 와서 그리스도의 제자로 살다가 한국인의 친구가 된 사람(p. 127).
- **벵겔** - 자기의 상태보다 더 못하게 자기를 보는 것은 성도들의 정상상태이다(p. 134).
- **크리소스톰** - 달리는 자는 관중을 보지 않고 푯대만 보고 달려야 한다(p. 135).
- **한경직** - 교회는 싸우지 않으면 부흥한다(p. 139).
- **탈무드** - 세 친구가 있었는데, 한 친구는 매일같이 생활하는 친구이고, 둘째 친구는 가끔 만나는 친구이고, 셋째 친구는 만날 때마다 손해만 끼치는 친구였다. 그 사람이 죽어서 천국에 가보니 천국 입구에서 자기를 환영해주는 친구는 셋째 친구였다고 한다. 그 첫째 친구가 돈이고, 둘째 친구는 친척이고, 셋째 친구는 선행이다. 선한 일에는 손해를 볼 수 있지만, 그러나 그 선행은 천국까지 함께 가는 친구이다(p. 142).
- **요시하라 다마오** - 《다시 만나고 싶은 사람이 되는 38가지 법칙》에서 저자는 다시 만나고 싶은 사람은 사교성이 뛰어

나가나 명랑하고 말을 잘하는 사람이 아니라 '반응이 좋은 사람' 이라고 했다. 내 말이나 관심에 동감(同感)하고 잘 반응하는 사람은 다시 만나고 싶은 마음이 생긴다. 믿음은 하나님의 사랑에 대한 〈반응〉이다(p. 145).

- **알포드** - 평강은 성도의 마음의 열매이다(p. 147).
- **빈센트** - 평강은 염려의 해독제이다(p. 147).
- **벵겔** - 평강은 기쁨의 반려(伴侶)이다(p. 147).
- **막가파 일당** - 좀더 일찍 믿지 못한 것이 유감이다(p. 148).
- **빈센트** - 자족이라는 학업은 현재까지의 그의 모든 경험을 통하여 성취되었다(p. 149).
- **존 밀러** - 그 사람이 얼마나 행복한가를 평가하는 기준은 감사의 깊이에 달려 있다(p. 151).

3. 골로새서

- **로버트슨** - 신약성경에서 은혜라는 낱말보다 더 깊은 말은 없다. 이 낱말은 도저히 정의할 수 없는 깊은 의의를 지니고 있다(p. 161).
- **윌슨** - 그것은 모든 원수와 슬픔이 도달할 수 없는 곳에 저축해 두고 보존되어 있는 것이다(p.163).
- **마이어** - 이는 자라고 열매를 맺음으로 복음이 어디에서 전파되든지 살아 있는 능력적인 발전을 한다(p. 164).
- **호프** - 복음은 그냥 존재하는 것이 아니라 성장과 활동 안에서 사건이 된다(p. 164).

- 요한복음 3장 16절에 9가지 최고가 기록이 되어 었다. "하나님이(최고의 애인), 세상을(최고의 숫자 - 모든 인류), 이처럼 사랑하사(최고의 무제한의 사랑), 독생자를(최고의 선물), 주셨으니(최고의 행위), 누구든지(최고의 초청), 그를 믿는 자마다(최고의 단순함), 멸망하지 않고(최고의 해방), 영생을 얻으리라(최고의 소유와 행복)"(p. 165).
- **마이어** - 복음에서 신자에게 주어진 메시아 왕국에서의 영생에 대한 소망에서 흔들리지 않는 것이다(p. 173).
- **라이트풋** - 하나님의 긍휼의 풍성함을 생각하는 이제, 그의 크신 사업에 참여하는 영광을 바라보는 이제, 나의 슬픔이 기쁨으로 변한다(p. 174).
- **박윤선** - '위의 것' 이란, '영적인 것' 을 말한다(p. 186).
- **O'Brien** - 위의 것이란, 하나님께 속한 본질적이며 초월적인 것이다(p. 186).
- **피터 한센** - 건강을 유지하는 3대 비결은 "첫째, 균형잡힌 음식, 둘째, 규칙적인 운동, 셋째, 술, 담배, 과로, 수면부족 등 해로운 습관을 버리는 것이다. 그리고 이 세 가지가 건강을 지키는 50%이고, 나머지 50%의 건강 비결은 사랑이다. 사랑하면 몸이 건강해지고 마음에 행복을 느낀다"(p. 189).
- **마이어** - 하나님의 진노를 부른 것은 저들의 지체가 아니라, 그 지체의 행위이다(p. 190).
- **Abbott** - 창조는 한 번으로 영원히 하신 것이지만, 발전은 계속적으로 진행된다(p. 191).

- '노블레스'(Noblesse)는 '귀족', '오블리주(Oblige)'는 '책임이 있다'는 뜻이다. 따라서 '노블레스 오블리주'란 '사회지도층의 사회적 책무'라는 뜻이다(p. 192).
- Abbott - 사랑은 위의 모든 미덕(美德)들을 조화된 하나로서 묶는 것이다(p. 193).
- 서인원 - 'Family'(가족)의 어원은 'Father and Mother, I Love You'라고 한다. 가족이란 혈연도 중요하지만, 사랑으로 이루는 공동체이다. 행복지수는 감사지수, 성취지수, 그리고 원망지수와 밀접한 관련이 있다(p. 195).
- 칸트 - 행복의 조건은 일과 사랑과 희망이다(p. 195).
- 벵겔 - 낙심은 젊은이에게는 치명적인 독이다(p. 197).
- 에리히 프롬 - 〈소유냐 존재냐〉의 서문에 보면 '소유지향적 삶'은 갈등, 권모술수, 경쟁, 전쟁, 비인간화로 무한 투쟁으로 귀결되지만, '존재지향적 삶'은 마음의 평화와 더불어 부와 권력과 명예 또한 자연히 따르게 된다(p. 201).

4. 빌레몬서

- 빈센트 - '은혜'는 '카리스'(χαρις)로 '기쁨'이라는 의미이다. 이는 율법의 대조적 개념이다(p. 213).
- 라이트풋 - 은혜란 실제적 축복의 근원이다. '평강'은 '샬롬'으로 하나님과 인간 사이에 화목한 관계로 변화할 때 생기는 결과이다(p. 213).

| 판 권 |
| 소 유 |

옥중서신 강해
교회를 온전히 세우라

2011년 9월 25일 인쇄
2011년 9월 30일 발행

지은이 | 현오율
발행인 | 이형규
발행처 | 쿰란출판사

주소 | 서울 종로구 이화동 184-3
TEL | 02-745-1007, 745-1301~2, 747-1212, 743-1300
영업부 | 02-747-1004, FAX / 02-745-8490
본사평생전화번호 | 0502-756-1004
홈페이지 | http://www.qumran.co.kr
E-mail | qumran@hitel.net
            qumran@paran.com
한글인터넷주소 | 쿰란, 쿰란출판사

등록 | 제1-670호(1988.2.27)

책임교열 | 김유미 · 송은주

값 10,000원

ISBN 978-89-6562-176-8 93230

* 이 출판물은 저작권법에 의해 보호를 받는 저작물이므로 무단 복제할 수 없습니다.
  잘못된 책은 교환해 드립니다.